Schwarzfahrer des Lebens

Georges-Arthur Goldschmidt

im Dialog mit
Hans-Jürgen Heinrichs

S. Fischer

Erschienen bei S. FISCHER

© S. Fischer Verlag GmbH, Frankfurt am Main 2013

Satz: Dörlemann Satz, Lemförde
Druck und Bindung: CPI – Clausen & Bosse, Leck
Printed in Germany
ISBN 978-3-10-034440-3

Inhalt

Einleitung von Hans-Jürgen Heinrichs   7

1. Ein Wiederkommen   33

2. Erinnern und Schreiben   93

3. Sexualität, Amüsement und das Wunder
   des Existierens   133

4. Weiterleben   153

5. »Das Schreiben erreicht nie seinen Grund,
   aus dem es entstanden ist«   177

Nachbemerkung von Georges-Arthur Goldschmidt   203

*Auswahlbibliographie und Auswahl
der verliehenen Preise*   207

Einleitung

1. G.-A. G. – ein Lebensschmuggler und Schwarzfahrer des Lebens

Dieses Buch erzählt von dem Abenteuer eines verstehenden Austauschs über Ideen, Erkenntnisse und Gefühle. Zuweilen schienen die Unterschiede unüberwindbar, wenn mir Georges-Arthur Goldschmidt zum Beispiel schrieb: »Wir wohnen in völlig entgegengesetzten Welten. Sie glauben an das ›Geistige‹, ich nicht …« Immer wenn er in meinen Fragen etwas »geisteswissenschaftlich Abgehobenes« sah, begehrte er aggressiv dagegen auf. Dann suchten wir nach einem neuen Zugang und nahmen die Differenzen mit in die Gespräche hinein.

Wie er seine dramatische Lebenserfahrung mit Vitalität und Freude, mit Selbstironie und Heiterkeit erfüllt, wie er dem nationalsozialistischen Wahn eine andere Welt entgegengesetzt hat, davon erzählt dieses Buch. Der Leser hat teil an seinem lebensrettenden Versuch, die Kunst des Erzählens zur Entfaltung zu bringen und Schriftsteller zu werden. Das Buch erzählt auch von der quälenden Erfahrung eines sich selbst zerstörenden Deutschland und der Freude über ein sich plötzlich wandelndes, freies Land. Und nicht zuletzt zeigt dieses Buch einen Schriftsteller, der die Freiheit seines literarischen Umgangs mit der Sprache auch in die theoretische Sprache der Literaturwissenschaft und Psychoanalyse übersetzt und beide Wissenschaften zu ihrer eigenen Freiheit und Kreativität zurückführt.

In einem der vielen Briefe, die unsere Gespräche begleiteten, nennt sich Georges-Arthur Goldschmidt einen »Lebensschmuggler« und einen »Schwarzfahrer«[1]. Als kostbarstes Gut rettet er – der Zehnjährige, der, sechs Monate vor der Kristallnacht zusammen mit seinem Bruder von den Eltern ins Exil geschickt wird – sein Leben, zuerst auf dem Weg nach Italien und dann nach Megève im französischen Département Haute-Savoie in der Region Rhône-Alpes, südöstlich von Genf. Von diesem Leben, und wie sich der »Schmuggler«, in der Zeit des herrschenden Nationalsozialismus, behauptete, ist in diesen Dialogen die Rede, von der Liebe zur Literatur, zur Kunst und zur Landschaft, von der Begeisterung für die politisch *nicht* geknechtete Sprache und von der Umwandlung der erfahrenen Schmerzen in Lust. In diesem letzten Punkt sind unsere Positionen sehr weit voneinander getrennt.

Die Spurensuche in unseren Gesprächen vollzieht sich am Leitfaden von Georges-Arthur Goldschmidts Büchern und seinem Leben. Im Gespräch ist er der Autor und schlüpft doch auch in die Rolle des Lesers, der sich selbst neu liest. »... ich weiß nicht, warum, aber zum ersten Mal, das ist Ihretwegen, lese ich wieder etwas von mir, und zwar *Die Befreiung*, und merke, es ist ein schönes Buch.«

Im Assoziationsraum der Unterredung tritt der Autor sich selbst gegenüber, hält am Geschriebenen fest und ist doch immer auch bereit, es in Frage zu stellen und es, selbstironisch, als »Geschreibsel« oder »Zeugs« zu bezeichnen und sich selbst, lachend, ein »immenses Genie« zu nennen. Neben der Selbstironie gibt es aber auch eine Zuspitzung im Infragestellen des eigenen Lebens und dessen »Wert«, die radikaler gar nicht vorstellbar ist.

Die ursprünglich als »Spaziergänge mit Georges-Arthur Goldschmidt um seinen Schreibtisch in Paris« angelegten Gespräche haben sich nach und nach zu »Wanderungen« und »Expeditionen« ausgeweitet, nicht mehr nur um einen Schreibtisch, sondern in eine Welt, die sich für ihn, trotz der von Zerstörungen und Verfolgungen bestimmten Zeitumstände, als eine Welt »mit Reißverschluss« erwies: Zum einen fühlte sich das Kind eingeschlossen; zum anderen aber macht der Erwachsene die Erfahrung der Freiheit, sich selbst anzuschauen. Und dieser »Andere« in ihm lässt ihn nie aus den Augen. »Was ich auch mache, er ist stets in mir und lacht sich tot.«

Wir führten unsere Gespräche zumeist per E-Mail, Georges-Arthur Goldschmidt reiste aber auch nach Deutschland und ich nach Frankreich. Ich folgte den Wegen seiner Figuren und wollte auch dort schreiben, wo er schrieb, in der Stadt oder der Landschaft, in der er seinen Figuren Leben eingehaucht hat, wollte auch die

9

Reise (unter anderen Bedingungen) machen, die, wie im Fall seiner Erzählung *Ein Wiederkommen*, der achtzehnjährige Arthur Kellerlicht von Megève nach Paris unternimmt, um in dieser Stadt – Nazideutschland entkommen – ein neues Leben in Freiheit zu beginnen.

Kann ich für Augenblicke in die Haut eines anderen Menschen schlüpfen, ist nicht jeder »eine Möglichkeit des anderen«, mit seinen Augen die Landschaft vorüberziehen sehen, so wie Arthur Kellerlicht in *Die Befreiung* und in *Ein Wiederkommen*, die Natur in ihrer Lieblichkeit und Schönheit wahrnehmen und dabei in mir die Todesangst, die kontinuierliche existentielle Bedrohung des Kindes Arthur spüren? Nein, natürlich nicht. Und doch ist der Wunsch von Bedeutung: es zu wollen, um in die Nähe eines Lebens und Werks zu gelangen und dabei die Unmöglichkeit eines vergleichbaren Fühlens zu erkennen. In dieser Spannung liegt eine Wahrheit beschlossen, die Wahrheit der nie auflösbaren Verknüpfung von Nähe und Distanz, das Aufnehmen von Fühlung und die Erfahrung des Scheiterns.

Um einen Aspekt noch bereichert wird diese erlebte Spannung dadurch, dass ich im Mai 2012 die Reise nach Frankreich antrete – eintauche in die Entstehungsgeschichte der Erzählung *Ein Wiederkommen* –, während Georges-Arthur Goldschmidt nach Deutschland reist, um in Hamburg dieses Buch vorzustellen und das Deutschland von heute erlebt, Menschen begegnet, die ihn – vermittelt über sein Buch – nach seinem Leben fragen, ihm freundlich zugewandt sind. Und er ist voller Freude über das Deutschland, wie er es jetzt erlebt, als »freies Land mit fröhlichen Menschen«, die eine musikalische Sprache sprechen.

Auf dem Weg nach Paris lese ich parallel zur Erzählung des 1928 als Sohn eines angesehenen Juristen in Reinbek geborenen und seit Ende des Krieges in Paris lebenden Schriftstellers, Essayisten und Übersetzers Goldschmidt das Journal *Urkundenfälschung* des ganz mit seiner Pariser Künstlerexistenz beschäftigten Paul Nizon[2] – die Unterschiede zwischen den beiden Freunden sind aufschlussreich: Bei Goldschmidt ist die menschliche Existenz eine Zerreißprobe des Körpers, im Spannungsfeld von Strafe, Begierde und Scham; bei Nizon wird jede Erfahrung von der durchgängigen Frage dominiert, wie er seinen künstlerischen »Aristokratismus« und das von Einbrüchen tiefer Depression bedrohte Gefühl des »Auserwähltseins« verstehen könnte.

Paris empfinden beide Schriftsteller als einen Ort der Zuflucht, der Rettung. Nizon folgt seinem luxuriösen Wunsch nach einer künstlerischen Existenz; für Goldschmidt ist es eine schicksalhafte Fügung in größter Not. Nizon durchschreitet als Dandy und Flaneur mit ernsthaftem künstlerischen Anspruch Paris; bei Goldschmidt hat man den Eindruck, als gehe er hier einfach nur seiner Arbeit nach, und dabei begleitet vom euphorischen Gefühl, »in Ferien« zu sein.

Von dem Augenblick an, da ich ihm 1999 zum ersten Mal gegenübertrat, wusste ich, dass ich einem Menschen begegne, der mit jedem Wort, das er sagt, das darin aufgehobene Gefühl unmittelbar mit zum

Ausdruck bringt; der also in völliger Übereinstimmung von Wort- und Körpersprache lebt.

Die Aufgeregtheit seiner Stimme und seine extrem verdichtete geistige Präsenz müssen ihren Grund darin haben, dass jeder, tatsächlich jeder Augenblick für ihn zählt, jedes gesagte und jedes nicht gesagte Wort.

Die Freude, die er, wie er mir versichert, jeden Morgen angesichts der schlichten Tatsache, am Leben zu sein, verspüre, ist in allem gegenwärtig, was er, in seiner Erscheinung, zum Ausdruck bringt.

In seiner Gegenwart läuft jedes ausgetauschte Wort sofort auf das – immer auch heitere und lustvolle – Existentielle und seine Darstellungsmöglichkeiten in der Literatur zu. Dass das Schreiben das Leben retten kann: Bei kaum einem anderen Schriftsteller ist man so augenblicklich von dieser Wahrheit überzeugt. Und davon, wie unglaublich nah die Poesie, das Grauen und die Rettung beieinanderliegen können:

Das Dröhnen des Zuges wurde jetzt, da man die Berge hinter sich gelassen hatte, vom Heulen des Windes übertönt, der von weither vom Ozean gekommen, bis in die russischen Weiten ziehen würde. In der leicht gewellten Ebene fuhr der Zug durch Felder und Wiesen, von weit ausholenden Eichen gesäumt, deren Kronen in der Mondhelle Nachtschatten warfen. …

Eine noch nicht fassbare Bedrohlichkeit wohnt dieser Szene in der Erzählung *Ein Wiederkommen* inne, obwohl sie doch im Grunde nur eine Bahnfahrt beschreibt, inmitten der Natur, man hört den Wind und man sieht Felder, Wiesen und Bäume vor sich, deren Kronen von der Mondhelle gestreift werden. Aber der Zug *dröhnt*, der Wind *heult* und die Kronen der Eichen werfen *Schatten*.

Und die Ahnung wird denn auch vom Fortgang der Erzählung eingelöst. Wir erfahren vom Schicksal eines Barons, der schon zum Tode verurteilt war:

Erst ein Jahr nach der Befreiung des südlichen Teils Frankreichs, im September 1944, war der Baron von Weinbein plötzlich wieder aufgetaucht. Allmählich erfuhr man, daß er ein Jahr zuvor in Lyon von der Miliz verhaftet und zum Tode verurteilt worden war und im Gefängnis des Fort Monluc in den noch blutfeuchten Bettüchern eines von der Gestapo gefolterten französischen Widerstandskämpfers hatte schlafen müssen. Da am Tage seiner Hinrichtung Lyon von der Résistance befreit wurde, hatte er überlebt. ...

Es ist, als hätten das Dröhnen des Zuges und das Heulen des Windes schon etwas angekündigt, das die Grenze dessen berührt, was ein Mensch überhaupt ertragen kann.

Die Umgebung, in die Goldschmidt floh, war ein realer Schutz vor denen, die ihn verfolgten, und es war eine dünne Schutzhülle gegen das Heimweh. Die Umgebung war aber auch das Unbekannte und Unheimliche, das in dem Zug mitfuhr, der ihn in die Freiheit bringen sollte. Von den Geschichten derer, die mit ihm reisen, ist nichts oder kaum etwas, außer ihrer Hülle und Oberfläche, zu sehen.

Es sind Kleinigkeiten – zum Beispiel ein Lichtschalter –, die auf einmal eine große Bedeutung erlangen:

Solche kleinen Gegenstände verbanden einen Ort mit einem anderen, an dem man schon gewesen war, es war ein wenig wie ein Heimwehschutz.

Georges-Arthur Goldschmidt ist ein »Lebensschmuggler«. Anders als bei den Schmugglern, die früher oft Koffer mit doppeltem Boden bei sich trugen, um den sichtbaren Inhalt durch einen festen Boden von der geschmuggelten Ware zu trennen, stehen bei ihm das Sichtbare (der Körper) und das Unsichtbare (die Seelenqual) in engstem Austausch miteinander.

In der Tat gibt es in Goldschmidts Leben und Werk mehrere doppelte Böden: In seinen Erzählungen begegnen wir der realen Person Jürgen-Arthur und der fiktiven Figur (unter dem Namen Arthur Kellerlicht). Dann gibt es die beiden Sprachen, das Französische und das Deutsche, die sich gegenseitig abfedern und bereichern, die Beobachtung und Selbsterfahrung schärfen. Darüber hinaus spricht der Autor auch noch zwei andere Sprachen, die erzählende und die theoretische, allerdings mit einer Besonderheit: So engagiert er sich auch immer wieder auf die Bühne der Psychoanalyse begeben hat, so wird er doch nicht müde, diese Rolle herunterzuspielen und sich mehr als einen mit Ironie ausgestatteten Unruhestifter zu sehen. Nicht ohne Koketterie, denn schließlich ist doch mit seinen Büchern *Der bestrafte Narziß*, *Als Freud das Meer sah* und

Freud wartet auf das Wort der Erkenntnisanspruch verknüpft, der Psychoanalyse ihr sprachliches Fundament bewusst zu machen.

Die doppelten Böden in Georges-Arthur Goldschmidts Leben und Werk schirmen also nie Sichtbares und Unsichtbares voneinander ab, sondern helfen dem Jüngling und später dem Erwachsenen, das Erlebte, die Angst und den Schrecken, in Sprache zu fassen und zu verstehen, es zu gestalten und auf die Fiktion hin zu öffnen.

Der Junge hat Glück, es gibt Menschen, die wünschen sich, dass er lebt; zum Beispiel eine Verwandte, die seine Unterbringung im Internat ermöglicht. Er hat aber auch Glück, weil er die Kunst, die Musik und die Literatur liebt.

Auf diese Weise lebt er immer in Parallelwelten. Zu ihnen gehört auch auf ganz grundsätzliche, existentielle Art und Weise die Welt der Prügelstrafe, der Züchtigungen im Internat: Indem der Junge den Schmerz an Lust knüpfen kann[3], wird der Schmerz der Heimatlosigkeit überdeckt; er hat, wie die Sprache auch, die Bedeutung eines »Heimwehschutzes«.

2. Warum Dialogisieren?

Mit diesen Dialogen und Dialogischen Untersuchungen – zumindest verstehe ich sie so – ist von meiner Seite aus der Wunsch verknüpft, die Gesprächsform aus ihrer medialen Verarmung herauszulösen. Die stetig zunehmende Dominanz der Talkshows und des dort praktizierten Austauschs vorgefertigter und bereits endlos reproduzierter Statements hat eine Verrohung der in den unterschiedlichsten Kulturen hochentwickelten Formen des Gesprächs und des Dialogs zur Folge.

1969/72 hat der Schriftsteller und Essayist Helmut Heißenbüttel in dem Aufsatz »Gespräche mit d'Alembert und anderes. Dialog als literarische Gattung«[4] an die reiche Tradition des Dialogs erinnert und auch mit eigenen Arbeiten diese Kunstform wieder mit Leben erfüllt. Heißenbüttel rekonstruiert die unauflösbare Verknüpfung von Philosophie, Dialog, Wahrheitsfindung und Assoziationsfülle seit Plato, die Wiederbelebung des Dialogs bei Christoph Martin Wieland, bei Diderot und vielen anderen Schriftstellern und erinnert daran, wie schwer sich die Literaturkritik damit getan hat, den Dialog als literarische Gattung anzuerkennen.

Er ist eine dem literarischen und dem wissenschaftlichen Text ebenbürtige Form, die Erfahrungs- und Erkenntnismöglichkeiten auf eine nur ihr mögliche dialogische Weise vermittelt. Es versteht sich von selbst, dass dabei die Grenzen zwischen Forschung, Wissenschaft und Literatur wenn nicht aufgelöst, so doch aber auf eine produktive Weise überschritten werden können.

Die Dialoge haben das Potential, sich für den Autor zu einer Tiefenforschung zu entwickeln, die so nur im Gespräch möglich ist und für ihn zu einer neuen Begegnung mit seinem eigenen Werk führt. Allerdings ist der Frage immer auch die Tendenz eigen, das zu annullieren, wovon sie redet, wenn dies zum Beispiel das unsagbare Grauen betrifft. Aber nicht nur in diesem Extremfall. Für Georges-Arthur Goldschmidt steht das Schreiben grundsätzlich für sich und ist getrennt vom Fragen, vom Erfragen, vom Befragen. Das gilt nicht nur für den Prozess des Schreibens, sondern auch für den abgeschlossenen Text. Man müsse es immer für möglich halten, sagt Georges-Arthur Goldschmidt einmal in Bezug auf Franz Kafkas *Das Schloß*, dass in dem Roman überhaupt nichts hinterfragt wird und »nichts besonderes gemeint wird«. Der Text selbst ist, wie auch das Schreiben, die Antwort auf eine im Dunkeln bleibende Frage und auf die »letzte Unmöglichkeit des Sagens«. Das Sagen laufe immer einer »inneren Spannung« hinterher. So sehr wir uns auch in diesem Punkt annäherten, blieb doch ein wesentlicher Unterschied bestehen: meine idealistischere Vorstellung vom Dialog, als eines provisorischen *gemeinsamen* Herantastens an das »unlösbare und wundervolle Rätsel des Schreibens«.[5]

Ja, die Fragen »verfragen« die Antworten, und doch berühren sie, auf verschlungenen Wegen, das Rätselhafte der Existenz.

Samuel Becketts Aussage, sein einziger Bezug zu seinem Werk sei ein »Schaffensbezug«, er selbst könne kein Licht darauf werfen und im Licht der Interpreten komme ihm sein Werk »wie ein Fremder« vor[6], diese Aussage trifft auch auf Georges-Arthur Goldschmidts

Beziehung zu seinen Büchern und zu den von Kritikern vorgenommenen Deutungen zu. Mehrere Male weist er darauf hin, dass man sein »eigenes Geschreibsel« nicht kommentieren könne und wenn man es tue, heiße dies, dass man »seinem eigenen Schreiben nicht auf den Grund gegangen ist«. Sein Schreiben habe wenig mit Wollen zu tun, »man wird von sich selber überrascht«.

Ich habe den Eindruck gewonnen, dass ihm die Selbstdeutung ebenso wie die Auslassungen der anderen (ob kritisch oder zustimmend) oft fremd vorkamen und ihm dieser Blick von außen auf das Innere seines Lebens und Werks auch unangenehm war.

Nach dem Tod von Jorge Semprún (2011) ist Georges-Arthur Goldschmidt der bedeutendste literarische Autor, der noch mit jedem neuen Werk Zeugnis ablegt von einer der größten Menschheitskatastrophen der Zivilisationsgeschichte und einem Glücksfall des Entkommens.

Mein Wunsch, Alain Robbe-Grillets Idee des autobiographischen Schreibens und Jorge Semprúns Leben und Werk mit ins Gespräch einzubringen, fand bei Goldschmidt keine »Gegenliebe«. Überall dort, wo er – mag dies berechtigt sein oder nicht – auch nur einen Anflug von Establishment und Versnobtem wahrnimmt, geht er in einen bedingungslosen Angriff über, nicht bereit zu »semprunisieren«.

Diese Gespräche haben eine Überzeugung, die ich lange Zeit nicht in Frage gestellt hatte, von Grund auf erschüttert: Ich ging aus von einem Einverständnis der von der Shoah Betroffenen über die absolute zivilisatorisch-moralische Notwendigkeit eines kollektiven Gedächtnisses und einer Kultur des Erinnerns, des Gedenkens. Ich hatte nicht in Frage gestellt, dass alle vom nationalsozialistischen Wahn als lebensunwert Stigmatisierten eine Einheit bilden.

Ich konnte mir nicht vorstellen, dass einer von ihnen in dieser Radikalität wie Georges-Arthur Goldschmidt ausschert und das in manchen Theorien unter Pathos, Begriffen und zivilisatorischem Bekenntnis versteckte Verlogene mit einer solchen Schärfe brandmarkt – und gerade dadurch die singuläre Erfahrung der Katastrophe bewahrt. Eine singuläre Erfahrung, die erfüllt ist von Widersprüchen und Spannungen und die die Ideologie des unwerten Lebens im eigenen Erleben ungeglättet zur Sprache bringen möchte.

Seine Wut traf natürlich – bei seiner Lebensgeschichte und seiner Abscheu vor jeder Verheimlichung einer gedanklichen und praktizierten nationalsozialistischen Haltung! – mit besonderer Wucht Günter Grass oder Martin Walser, in dem »die Studenten der École supérieure de commerce de Bordeaux, ohne ein Wort Deutsch zu verstehen, sofort den alten deutschen Militär herausgeschnüffelt haben«.

In Bezug auf diese Schriftsteller und auf Philosophen, in denen er bloße Sprachschwindler vermutete (»Sloterdijk: das ist ein Wortgaukler des Geplänkels und des scheinbaren ›Denkens‹«), liefen meine Vorstöße ins Leere. Genau wie bei vielen Psychoanalytikern, von denen ich irrtümlich annahm, sie würden ihm etwas bedeuten.

Andererseits ist die Wirkung, die er mit seinen Vorträgen bei psychoanalytischen Tagungen erzielt, geradezu überwältigend. Mit einer ebenso kindlichen wie durch linguistische Erforschung gedeckten Freude zerlegt er vor den staunenden Analytikern einzelne Wörter und Sätze und entzündet ein Feuerwerk assoziativer Verknüpfungen. Zugleich hat dieses »Spiel« stets eine sehr prägnante Zielrichtung: herauszufinden, ob die Sprache – vor allem auch die der Psychoanalyse – in eine andere übersetzbar ist und wo sie sich dagegen sperrt.

Die Psychoanalytiker erkennen darin ihre ureigenste Tätigkeit wieder. Die Art aber, in der es ihnen Goldschmidt vormacht, hat eine befreiende Wirkung auf sie, befreit sie von der Last der begrifflich und methodisch eingezwängten psychoanalytischen Theorie und einem wissenschaftlich verordneten Ernst. Sie spüren, dass auch ihre Arbeit ein beständig vom Scheitern bedrohtes Übersetzen ist, das sich durch keine Theorie vollkommen absichern lässt, und dass es einen unerforschbaren Kern des Menschen gibt, der sich nicht beiseiteschieben lässt.

Ich bin mir aber nicht sicher, ob die Analytiker realisieren, wie scharf Goldschmidt ihre Theorie und Praxis in der heutigen Form als »paralysiert« und ihre Sprache als eine »verstummte, entsexualisierte Sprache« kritisiert (in Briefen an mich). Und einmal wird er noch entschiedener: Die Psychoanalyse habe ihre Virulenz, ihren Enthusiasmus und ihre Subversität verloren und sei zu seiner autoritären Technik regrediert,

20

»der pseudo-wissenschaftlichen Bavardage und Groß-tuerei der Wahrheitsprediger verfallen«.

Dem Psychoanalytiker jedenfalls würde er seine innere Wahrheit nicht anvertrauen, sagt er. Und dem literarischen Text? Auch das Schreiben sei ein »Deck-manöver, um nicht vom Wesentlichen zu reden«, wie er bekennt. Er schreibe, »um zu verstecken«.

G.-A. Goldschmidt hat eine Abneigung gegen »Au-toritäten«, die nichts mit ihm, seinem Leben und Den-ken zu tun haben. Jedes Wort, das er sagt und oft aus sich herausschleudert, kommt aus der Haltung des Rebellen, auch wenn er diese Charakterisierung selbst zurückweist. »Was ich schrieb, war ›gegen‹ geschrie-ben ... Sobald ich irgendwie ›soll‹, tue ich es nicht ...« Aber irgendwann verstand ich – und das war der Kon-tinuität unseres dialogischen Austauschs zu verdan-ken –, dass Wut bei ihm immer auch (gleich einem sprichwörtlichen reinigenden Gewitter) die Funktion hatte, eine tiefere Ebene freizulegen. Und so kamen dann die Antworten auf Umwegen doch aus ihm her-aus und standen plötzlich wie eherne Felsen neben La-vafluten.

3. Dialogisieren mit einem »Rebell«?

Alle vom nationalsozialistischen Regime Verfolgten bilden schon allein aufgrund ihrer gemeinsamen Er-fahrung eine »Einheit«, der von Historikern, Soziologen, Psychologen und Schriftstellern eine Sprache verliehen worden ist. Gegen eine solche Sichtweise begehrt aber Georges-Arthur Goldschmidt mit einer Vehemenz auf, dass mir oft ganz schwindelig wurde: »Glauben Sie wirklich, Sie könnten verstehen, was geschehen ist? Für das Grauen gibt es keine Sprache, und die Theorien kollektiven Gedächtnisses sind Versuche derjenigen, die nicht dabei waren, aber dazugehören wollen.« Und György Konrád sieht die Unmöglichkeit des Verstehens nicht nur bei denen, die das Grauen nicht erlebt haben: »Wir haben die Bilder gesehen, wir erinnern uns an die Szenen, wir haben darüber nachgedacht und trotzdem verstehen wir sie nicht. Unvorstellbar all das …«[7] Wie aber dann dialogisieren, wenn eine solche Kluft aufbricht zwischen den vom Geschehen seelisch tief Verwundeten und an den Rand der Existenz Geworfenen (denen sich das Verstehen auch versagt) und denen, die dieses Geschehen noch aussichtsloser in Worte zu fassen versuchen?

Denkbar scheint ein solcher Dialog nur, indem man das Erinnern und die Theorien des kollektiven Erinnerns[8] grundsätzlich zur Disposition stellt, wie dies Georges-Arthur Goldschmidt an mehreren Stellen unserer Gespräche tut, wenn er zum Beispiel Henri Bergson zitiert: »ein totales Gedächtnis wäre die Hölle«.

Die Betonung, wie wertvoll die Erinnerung sei und dass sie auf keinen Fall in Frage gestellt werden dürfe, kommt – und dies gilt es unmissverständlich festzuhalten – nicht von Seiten der Verfolgten und Traumatisierten, sondern von Seiten der Historiker, Soziologen und Sozialpsychologen, die sich der Verantwortung stellen. Die seit Jahren anhaltende Forschung, die sich gegen alle Versuche zur Verdrängung und zum Vergessen wendet, beruft sich auf die heilende Wirkung des »Durcharbeitens«.

Darüber hinaus aber ist mit dieser Forschung ein sozialer und ethischer »Gewinn« und die Hoffnung verbunden, dass sich die Aufklärung der Vergangenheit positiv auf die gegenwärtige Bewusstseinsbildung auswirkt, so dass sich ein solches Geschehen nicht noch einmal wiederhole. Dabei lädt die Mehrheit der Wissenschaftler das Erinnern mit einem Pathos auf, das die Traumatisierten und die Erinnerungsskeptiker[9] eher befremdet: Die Idee, so ihr Credo, Erinnerung als solche sei schon positiv und garantiere *per se* die Bildung eines kritischen Geschichtsbewusstseins, müsse grundsätzlich neu diskutiert werden. Auch müsse sich die Diskussion mit der Aussage von Imre Kertész auseinandersetzen, der »Holocaust« stelle inzwischen eine Stilisierung und Abstraktion von der brutalen Wahrheit der damals propagierten Endlösung dar.[10]

Dieses Buch kann vielleicht dazu anregen, die explosive Debatte auf der Grundlage dieser Gespräche neu aufzurollen.

Eine Grundvoraussetzung für die Kontinuität dieser Dialogischen Untersuchungen bestand für mich darin zu erkennen, dass ich beides war: ein willkommen geheißener Gesprächspartner und eine anonyme Figur, die allein aufgrund ihrer Zugehörigkeit zu Deutschland nicht freizusprechen ist vom Verbrechen an der

Zivilisation. Die Wut galt nicht mir, aber ich musste sie aushalten und dabei dem Gefühl, dass dies »ungerecht« ist und dass ich die Rolle der Projektionsfigur nicht »verdient« habe, wenig Raum geben. Mein Wunsch, meine eigene Lebensgeschichte an den Punkten, wo ich selbst – wie unverhältnismäßig gering auch – Leidtragender der deutschen Geschichte war, in den Dialog mit einzubeziehen, blitzte nur kurz auf, ehe ich ihn wieder fallenließ. Das Dialogische musste also neu bestimmt werden.

Dies war und ist aber in diesem Buch keine isolierte theoretische Arbeit, sondern eine täglich im Gespräch realisierte und weiterhin zu realisierende, dialogische Anstrengung. Von ihr könnten neue Impulse ausgehen: für die Geistes- und Sozialwissenschaften und für das Verstehen solch tiefgreifender geschichtlicher Prozesse und Verwerfungen, wie sie die deutsche Historie geprägt haben.

4. Die Dimension des Projekts

Die Dimension dieses Projekts war zu Anfang weder mir noch Georges-Arthur Goldschmidt klar. Geplant war zu Beginn eine Folge von Gesprächen, die der Lektüre und der literaturkritischen / literaturtheoretischen Rezeption von Goldschmidts Werk eine authentische Grundlage bieten sollten.

Die enorme intellektuelle Dynamik und auch emotionale Spannung unseres dialogischen Austauschs führten dazu, dass Georges-Arthur Goldschmidt oft an einem Tag immer wieder neue erweiternde und korrigierende Versionen seiner Antworten schickte. Nach und nach ging es auch darum, die dabei entstehenden Konflikte verstehen zu lernen und sie in die Gespräche mit einzubeziehen, sie zu thematisieren. Georges-Arthur Goldschmidt machte deutlich, welche Theorien er aggressiv ablehnte, welche Themen ihm wichtig waren und vor allem, welche Fragen ihn in eine unaushaltbare seelische Spannung versetzten. Es waren Fragen nach der nationalsozialistischen Zeit, in der sein Leben sekündlich mit dem Tode bedroht war.

Ich musste verstehen, dass für ihn die *erzählerische* Bearbeitung dieser Thematik eine andere Art des »Durcharbeitens« (im Freud'schen Sinn) bedeutete als die *Gesprächsform*, insofern diese den Eindruck vermitteln könnte, als sei es möglich, das Geschehene zu *verstehen*. Genau hier nun bekam das Projekt eine völlig neue Dimension: die Untersuchung der grundlegenden Frage nach der Möglichkeit des Verstehens, wenn das Geschehen die zivilisatorischen Grenzen auf eine solch erschütternde Weise überschreitet.

Nun könnte man aber zu Recht einwenden, dazu gäbe es doch eine geradezu unüberschaubare Fülle von Untersuchungen. Das ist zum Teil richtig. Und doch traten in diesen Gesprächen zwei Besonderheiten in den Vordergrund, die meines Erachtens diese auf Gesprächen basierende Untersuchung rechtfertigen: Das ist die stets einzigartige singuläre Erfahrung des Schreckens und der Versuch, ihr eine literarische Form zu geben. Daran knüpft auch die immer wieder neu aufflammende Diskussion an, ob die Einmaligkeit des Holocaust fiktive Figuren erlaubt oder ob der Fiktion kein Spielraum zugestanden werden darf.[11]

Mit Goldschmidts Werk und seinen Aussagen liegt ein zeitgeschichtliches und -diagnostisches Dokument von allergrößter Bedeutung vor, das nicht entschieden genug in den Vordergrund gerückt und diskutiert werden kann. Zum anderen haben diese Gespräche grundlegende Übereinkünfte bei den Geistes- und Sozialwissenschaftlern über die Verbindlichkeit des kollektiven Gedächtnisses in Frage gestellt. In den Unterredungen (vor allem einem nahezu zweistündigen Rundfunk-Gespräch, das hier nicht abgedruckt ist) haben wir ausführlich über unsere Auffassungen des Intellektuellen diskutiert. Gegen Goldschmidts Rede vom Intellektuellen versuchte ich das diesem Denktypus eigene Rebellische stark zu machen, der gegen das Dumpfe und die Verachtung alles Geistigen aufbegehrt, und erinnerte an Adornos Bemerkung, wir müssten den Intellektuellen hochachten, weil er gerade der Typus ist, den die Nazis verachteten.

Ich wollte an meinem Bild von Goldschmidt als eines Schriftstellers *und* Intellektuellen festhalten, charakterisierte sein Denken als eines, das ungerichtet den schöpferischen Impulsen folgt und sich ins *Zentrum* lebendiger Geschichte stellt. Von hier aus vermittelt er ein plastisches Bild geschichtlicher Ereignisse. Meine Idee, dass er Geschichte aus der Mitte, gleich dem brodelnden Zentrum eines Vulkans, darzustellen versucht, findet schließlich seine Zustimmung: »Ja, ich glaube, ich denke zentralisiert. Meine ganze Entwicklungsgeschichte ist vom Pariser Zentrum bedingt.« – »Und diese Raumeroberungen *erzählen* Sie.« Die Freiheit, die Goldschmidt als Erzähler zur Entfaltung gebracht hat, verdankt, aus meiner Sicht, viel dieser begrifflich und methodisch befreiten Intellektualität.

5. Vom Umkreisen der »Wahrheit«

Wie sollten wir mit den mündlich und schriftlich geführten Gesprächen umgehen: sie glätten oder sie in der Form des unmittelbaren Austauschs belassen und dabei auch die mehrfache Wiederaufnahme zentraler Themen – das betrifft vor allem das Verhältnis zwischen der deutschen und der französischen Sprache – als ein vitales und lebensnahes Element der Gesprächsform nur dort verändern, wo es störend und überflüssig wirkt?

Schließlich wurde klar, dass wir keine grundsätzliche Entscheidung treffen mussten. Nach und nach ergab es sich gleichsam von allein, wo man kürzte, umstellte und das aus dem Augenblick heraus Formulierte überarbeitete.

Dabei wurde deutlich, dass Themen wie das Verhältnis zwischen der deutschen und der französischen Sprache, die Bedeutung der Psychoanalyse, die Kindheitserlebnisse und wie sie Eingang in die Erzählungen fanden immer wieder auftauchen *mussten*. Es wäre abstrakt und verfälschend gewesen, sie auf eine einmalige Thematisierung zu beschränken. Sie sind doch gerade in ihrem Wiederaufgreifen der Beweis dafür, dass sie im Zentrum von Georges-Arthur Goldschmidts Leben und Werk stehen und wir die »Wahrheit« in immer neuen Anläufen zu umkreisen und uns ihrer zu vergewissern versuchen.

Die Gespräche mit Georges-Arthur Goldschmidt hatten und haben sehr viel von einer Expedition an sich. Manchmal kam ich mir gut, manchmal furchtbar schlecht ausgerüstet vor. Es war auch ein Labyrinth, das ich da betreten habe, in dem mir oft genug das Herz in den Kopf pochte, wie Herta Müller gesagt hat: »Arthur Goldschmidts Sätze funkeln ins Unerlaubte, wandern ständig zwischen Trance und Analyse. Ich kenne kaum einen Autor, der so ein Deutsch schreibt, dass einem das Herz in den Kopf pocht. Und keinen, der jedes deutsche Wort so schrecklich teuer bezahlt hat.«[12]

Ganz am Ende unserer Unterredungen spricht Georges-Arthur Goldschmidt vom Exil als »Grundachse« seines Schreibens und sieht in dieser existentiellen Erfahrung den Grund, warum er nicht Maler geworden ist. Wie hätte er Maler werden können, wo ihm doch seine »Ausgangslandschaft« gestohlen worden war! Das »Urverbot« (nicht dort sein zu dürfen, wo seine Heimat war) erwies sich als »landschaftliche Quelle« seines Schreibens. Seine »Wortmalerei« ist eine mit dem Auge und den Worten verfasste. Ihr wohnt die Kraft inne, *das zugefrorene Meer in einem zu durch-schlagen* (nach einer Formulierung von Kafka).

6. Dialoge sterben nicht

Jeder hat das Ereignishafte eines Dialogs – wie etwas im Austausch entsteht, was ohne Gegenüber nicht möglich gewesen wäre – schon erlebt. Das Ereignishafte zeigt sich als etwas Beglückendes, das aber immer wieder in Frage gestellt und teilweise aufgehoben wird. In jedem Fall nimmt man an Gedanken und Gefühlen des anderen teil, versteht und missversteht sie, lässt sich von ihnen berühren oder eben nicht! Dem Dialog wohnt etwas Erstaunliches inne: der Gedanke, der andere könnte recht haben.

Für die freundliche Unterstützung und Kooperation danke ich Egon Ammann, Isabel Kupski und Hans Jürgen Balmes, der S. Fischer Stiftung, der Hamburger Stiftung zur Förderung von Wissenschaft und Kultur und der Stiftung Joseph Breitbach.

Anmerkungen

1 Vgl. auch Thomas Steinfelds Charakterisierung Gold-schmidts als eines »mutigen Seefahrers und ewigen Schiff-brüchigen«. In: »Der Einhandsegler und seine Liebe zum

Schiffbruch.« Laudatio auf Georges-Arthur Goldschmidt. Sonderdruck der Akademie der Wissenschaften und der Literatur zur Verleihung des Joseph-Breitbach-Preises 2005. Einmal spricht Goldschmidt von sich auch als eines »illegitimen Trittbrettfahrers der Existenz«.

2 Paul Nizon, *Urkundenfälschung. Journal 2000–2010*. Frankfurt / M. 2012.

3 Vgl. dazu und zur »sexuellen Poetik« auch Ina Hartwig, »Obsession der Schläge«, in: *Das Geheimfach ist offen. Über Literatur*. Frankfurt / M. 2012.

4 In: Helmut Heißenbüttel, *Zur Tradition der Moderne. Aufsätze und Anmerkungen 1964–1971*. Neuwied und Berlin 1972.

5 G.-A. Goldschmidt, »Das Meer der Sprache.« Dankrede bei der Entgegennahme des Joseph-Breitbach-Preises. In: Sonderdruck der Akademie der Wissenschaften und der Literatur zur Verleihung des Joseph-Breitbach-Preises 2005. Und: »Mein Jahrhundertbuch«. Über *Das Schloß* von Franz Kafka. In: *Die Zeit*, 1. Juli 1999.

6 In einem Brief vom 06. 11. 1962, abgedruckt in Samuel Beckett, *Weitermachen ist mehr, als ich tun kann*. Briefe 1929–1940. Berlin 2013.

7 György Konrád, *Über Juden*. Frankfurt / M. 2012. Und im Gespräch.

8 Die interdisziplinären Theorien des kollektiven Gedächtnisses wurden in den letzten Jahren am besten dargestellt und weiterentwickelt von: Jan Assmann, *Das kulturelle Gedächtnis. Schrift, Erinnerung und politische Identität in frühen Hochkulturen*. München 1992. Aleida Assmann, *Erinnerungsräume. Formen und Wandlungen des kulturellen Gedächtnisses*. München 1999 und *Der lange Schatten der Vergangenheit. Erinnerungskultur und Geschichtspolitik*. München 2006. Harald Welzer und Hans J. Markowitsch (Hrsg.), *Warum Menschen sich erinnern können. Fortschritte in der interdisziplinären Gedächtnisforschung*.

Stuttgart 2006. Bodo Mrozek, »Zur Frage des kollektiven Erinnerns. Die Semantik der Memoria«. In: *Merkur*, Heft 5, Mai 2012.

9 Zu den kritischen Positionen gegenüber der »Memorialkultur« und der Erinnerung als »Pathosformel der Gegenwart« vgl. Jan Philipp Reemtsma, »Wozu Gedenkstätten«. In: *Aus Politik und Zeitgeschichte. Beilage zu: Das Parlament*, Nr. 25 / 26, 2010. Martin Sabrow (Hrsg.), *Der Streit um die Erinnerung*. Leipzig 2008. Und: Vera Kattermann, »Vom alltäglichen Metabolisieren der Vergangenheit.« In: *Psyche*, Heft 6, Juni 2012.

10 Im Gespräch geäußert.

11 Vgl. dazu zuletzt Steve Sem-Sandberg, »Realität des Holocaust und Spielraum der Fiktion. Reflexionen zur Arbeit am Roman ›Die Elenden von Łódź‹«, In: *Merkur*, Heft 11, November 2012.

12 Herta Müller »Die Umgebung als Heimwehschutz«. Rede auf G.-A. Goldschmidt im Literaturhaus Berlin. In: *FAZ*, 2. Juni 2012.

1. Ein Wiederkommen

Vorbemerkung

Dieses Gespräch nimmt seinen Ausgang bei Georges-Arthur Goldschmidts stets gegenwärtiger Freude, am Leben zu sein, und nähert sich dem Punkt, an dem diese Freude von Grund auf erschüttert werden kann. Hieran schließen sich die Fragen nach der literarischen Darstellbarkeit an, welche Rolle zum Beispiel die Entscheidung spielt, von sich als »Er«, unter dem fiktiven Namen Arthur Kellerlicht, zu erzählen. Schafft dies eine Distanz zum Erlebten und auch die Möglichkeit, einen humorvollen Ton zu wählen?

Von hier aus nähern wir uns der Frage, wie wichtig die beiden »Muttersprachen«, das Französische und das Deutsche, für Georges-Arthur Goldschmidt waren und sind und welche Rolle die Malerei für ihn gespielt hat.

Die thematisierte Erzählung *Ein Wiederkommen* erschien 2011 in der französischen und einige Monate später in der deutschen Fassung. Der Vergleich der beiden autonomen Versionen und die Unterschiede der französischen und der deutschen Sprache bilden den Mittelpunkt dieses Gesprächs, das sich langsam auf die Erlebniswelt des Jungen in der Internatszeit in Megève im französischen Département Haute-Savoie und der sich daran anschließenden Zeit in Paris zubewegt.

HANS-JÜRGEN HEINRICHS
Georges-Arthur Goldschmidt, meine erste Frage be-
zieht sich auf die Freude am Leben und das Wunder
des Existierens. Ist dieses Gefühl bei Ihnen eigentlich
immer da, oder kann es auch erschüttert werden? Und
durch was kann es erschüttert werden?

GEORGES-ARTHUR GOLDSCHMIDT
Eigentlich sollte es mich gar nicht mehr geben, nach
den Nürnberger Gesetzen bin ich »VOLLJUDE«, da
doch erst die Großeltern konvertierten, ich bin in einer
sehr gläubigen evangelischen Familie erzogen worden
und ging in den Kindergottesdienst, bis mich der Pas-
tor meines Dorfes 1937 wegen meiner Herkunft raus-
schmiss, aus Angst, nehme ich an. 1938 schickten meine
Eltern uns, meinen älteren Bruder und mich, nach Florenz, da wir gar nicht aufs Gymnasium durften und
weil mein Vater schon Schlimmstes ahnte. Ab 1939 war
auch keine Bleibe mehr in Italien, weil sich Mussolini
die Rassenpolitik Hitlers angeeignet hatte, und wir kamen in einem Internat in Frankreich, in Hochsavoyen
unter, durch eine »begüterte« Verwandte; 1943 wurde
auch dieser Teil Frankreichs durch die Nazideutschen

besetzt, und die Razzien fingen auch in Savoyen an. Die Deutschen kamen uns abholen, und ich sehe heute noch vor mir die schwarzen Löcher der auf mich gerichteten Maschinenpistole, sie erkannten mich nicht. So etwas vergisst man nie. Fünf Franzosen, ein Gendarm, eine Internatsleiterin, ein Vikar und ein Bauer riskierten ihr Leben für einen agitierten, verpissten, nervösen Jüngling. So weiß ich, was das bedeutet: Todesangst empfinden. Das wünsche ich nicht meinem ärgsten Feind. Ich habe keine Feinde, aber hätte ich einen, würde ich ihm das nicht wünschen.

Mein Leben ist ein reines Wunder und jeden Tag betrachte ich es als Geschenk, ich gehörte doch zum »lebensunwerten Lebensmaterial«, wie man damals zur Zeit der Kindereuthanasie in Deutschland doch so gerne sagte. Damals schon, 1938, wusste man davon, zu Weihnachten 1937 in Wernigerode, wo meine Mutter im Sanatorium war, hörte ich schon Schwestern von so etwas munkeln; die Deutschen waren doch damals das einzige Volk, dass seine eigenen Kinder umbrachte. Nicht von ungefähr konnte man noch in den fünfziger Jahren in den Immobilienannoncen »Kinder unerwünscht« lesen.

So ist das eben meine Herausforderung an die damaligen Kindermörder: Ich bin immer noch da.

Mein Leben erfüllt mich mit Glück und Dankbarkeit für die Franzosen, die mich in Schutz genommen haben, und mit schlechtem Gewissen, überlebt zu haben.

H-J H Ich habe das bei Ihrer Lesung im Berliner Literaturhaus im Mai 2012 so erlebt: Einmal unterbrachen Sie tief bewegt die Lesung, als Sie sich an den jungen Mann erinnerten, der durch Sie in Lebensgefahr gekommen war und auch gestorben ist. Die Schwierigkeit, von dieser Zeit zu erzählen. Es hat mich berührt, als Sie davon sprachen, dass in Ihnen, wenn Sie das Wort »Lyon« hören, sofort eine solche Erschütterung und eine große Traurigkeit da sind, dass aber das Erzählen für Sie immer eine Möglichkeit darstellt, dann doch etwas davon zu berichten. Gleichzeitig betonen Sie immer, dass die Sprache es nicht zum Ausdruck bringen kann, was man erlebt hat. Und trotzdem spricht man.

G-A G Ich kann es nicht so der Reihe nach formulieren. Also gestern, ich wollte damit sagen, es ist nicht nur meinetwegen und meines Bruders wegen gewesen. Es handelt sich hier um einen damals achtzehnjährigen Schüler des Internats, der sich als Schweizer Staatsbürger doch in der Résistance engagierte, Medizin studierte und im August 1944 von der Miliz in Lyon erschossen wurde. Vielleicht engagierte er sich in der Résistance, weil er sah, wie die Deutschen hinter uns und den im Dorf untergebrachten Juden her waren. Seinen Tod trage ich in mir; das habe ich auch in meiner Autobiographie *Über die Flüsse* erzählt.

Die Résistance halb Realität, halb Mythos hat Frankreichs Selbstansehen gerettet. Die Résistance und de Gaulle haben das Land vor der Schande gerettet, mit

Pétain wäre es sonst in der »infamie«, der Kollaboration untergegangen.

Dass so viele französische Intellektuelle der Kollaboration verfielen, allerdings nicht die besten, bleibt bis heute ein Schandflecken. Es lässt sich zum Teil aus einer alten Faszination der französischen Faschisten für die Stärke und die Gewalt erklären, alles, was der Republik schadet, ist willkommen. Heute erliegen wieder einige »Denker« einem solchen Hang zur Untertänigkeit. Es wird zu leicht vergessen, dass diese »Kraft durch Freude«, wie es hieß, doch nur aus Beseitigung der deutschen Kinder, der »Behinderten« und der sogenannten »Geisteskranken« bestand. Mit Begeisterung haben die deutschen Psychiater damals mitgemacht, wo anscheinend die französischen Psychiater unter der Naziokkupation sich dieser extremen Form der Kollaboration doch nicht auslieferten. Und wenn man, in welcher Form auch immer, zu den »unnützen Essern« gehört, kann man die erlebten Zeiten nicht als endgültig bewältigt und vergangen betrachten.

Das dürfte vielleicht zeigen, wie wichtig die von der Geschichte überlieferten Mythen sein können. Wir Franzosen wurden in den frühen Jahren der Adoleszenz von den Bildern einer Nation erzogen, für welche die Menschenrechte, einfach die Existenzrechte der Menschen als das Fundament jeder Politik erachtet wurden, und so bekam man die Geschichte Frankreichs als eine Art »Geschichte der zwölf Arbeiten des Herakles« zu lesen, als eine Geschichte des Fortschritts. Die Bilder in den Geschichtsbüchern haben zur Formation des eigenen Selbstbildes beigetragen. Es resultiert daraus, dass es damals schon Ende der vierziger Jahre eine gewisse Offenheit gab, dank der inneren großen Auseinandersetzungen waren die Sonderlinge vielleicht besser integriert als im damaligen Deutschland, das doch seine »Außenseiter« sorgfältig zwischen 1938 und 1945 eliminierte.

H-J H Ist vielleicht die Erfindung des Namens in der Erzählung *Ein Wiederkommen* eine Möglichkeit, ein wenig in Distanz zu diesem Erleben zu treten?

G-A G Es ist gut möglich, dass der Name der Figur dieser Erzählung *Ein Wiederkommen* nicht zufällig Kellerlicht heißt, denn die Namen kommen einem immer aus Gründen, die gerade der Name verdeckt. Es ist vielleicht möglich, dass Keller eine Anspielung auf Krieg und Furcht ist, auf Angst, aber danach kommt ja gerade Licht, aber natürlich ironisch gemeint.

H-J H Der Ich-Erzähler in *Über die Flüsse* kam mir manchmal, entschuldigen Sie, fast wie ein Buchhalter oder ein Archivar des Lebens vor.

G-A G Es kam darauf an, die immer mit Autobiographie verbundene Selbstanbetung und Selbstheiligung zu vereiteln, die sonst der Inhalt einer Autobiographie ist, daher der trockene Berichterstattungston, den Sie bemängeln.

H–J H Als Sie in Berlin waren und Ihre Erzählung *Ein Wiederkommen* vorstellten, machten Sie eine Bemerkung zu Israel, die ich aufgreifen sollte. Wir werden nicht im Einzelnen über die Entwicklung im Nahen Osten und über das heutige Israel sprechen können. Dazu gehört auch die schwierige Situation kritischer Intellektueller, die man im Land zu unterdrücken versucht. Und dazu gehört: die aggressive Siedlungspolitik und das Verhältnis zu den Palästinensern.

Wie soll ich fragen?

Ganz neutral, so, als würde mich Israels Politik nicht auch alarmieren, das kann ich nicht. Aber meine kritische Haltung darlegen? Dafür würde ich viel Raum benötigen, den ich in diesen Gesprächen nicht habe.

Ich frage ganz schlicht: Entspricht der Umgang Israels mit den Palästinensern Ihrer Vorstellung von Humanität, Menschenwürde und einer auf Frieden ausgerichteten Politik des Miteinanderlebens? Setzt Israel den Auslöschungsphantasien seiner Feinde eine konstruktive Politik der Anerkennung des Anderen und seines Lebensrechts entgegen? Ist das überhaupt möglich angesichts der Drohungen, Israel vernichten zu wollen?

Aber das jüdische Denken war doch einmal Statthalter der Moral als solcher.

G-A G Diese Frage à la Günter Grass beantworte ich sehr gern. Warum stellen Sie die Frage mir, wo ich doch immer wieder betone, dass ich Jude nur im Sinne Hitlers und der Nürnberger Gesetz bin? Sonderbar, dass gerade solche Fragen immer wieder an vermeintliche Verantwortliche gestellt werden von Nachkommen der wahren Verantwortlichen. Alle diese Fragen haben denselben Zweck: Das Geschehen ungeschehen zu machen, in der Hoffnung, man könne nun endlich Israel Hitlerdeutschland gleichstellen, so hätte man da endlich ein schönes eins zu eins.

Dass immer die Nachkommen der kriminellen Generation darauf zurückkommen, ist schon ein Problem an und für sich: Je schuldiger dieses Israel sein wird, desto unschuldiger werdet Ihr werden »liebe Deutsche«, und so habt ihr doch alle Gründe zu einem diesmal gelungenen Auschwitz, denn so was können die Deutschen doch perfekt. Erstens wo werden kritische Intellektuelle nicht geduldet? Ist es nicht eher in Russland oder Syrien, wo die Menschenrechte doch besonders beachtet werden? Zweitens, und da werden Sie bitter enttäuscht sein, natürlich ist die Siedlungspolitik absurd und unverschämt und skandalös, leider aber nicht so kriminell, wie manche es sich wünschen (das kommt noch), natürlich entspricht das nicht einer Politik der Menschenrechte – und da haben Sie vollkommen recht, es ist ja, wie man weiß, die einzige Politik in der Welt, die die Menschenrechte missachtet. Israel ist ein ungerechter Staat, der einen Teil seiner Bevölkerung unterdrückt, genau wie die Russen die Tschetschenen unterdrücken, aber man schweigt sich darüber, wie über so vieles andere sorgfältig aus. Wieso überhaupt war das jüdische Denken doch einmal Statthalter der Moral als solcher? Das ist doch schön, dass es es nicht mehr ist, so können die neuen richtigen Statthalter der Moral, ruhiger schlafen.

H-J H Als Intellektuellen habe ich Sie angesprochen! Warum unterstellen Sie mir, dass meine Frage den Zweck hat, das Geschehen ungeschehen zu machen?

Ein Gespräch mit Ihnen über Israel und die jüdische Kultur entgleist sofort in einen Furor von Angriffen, deren Stellenwert in Bezug auf die Fragen, die ich stelle, nur schwer auszumachen ist. Offensichtlich sehen Sie in dem Deutschen zuallererst den »Nachkommen der kriminellen Generation«. Das verstellt Ihnen den Blick auf das Individuum mit seiner singulären Lebensgeschichte.

Noch ein Versuch:

Ich habe den Eindruck, dass Deutschland keine Chance hat, sich überhaupt jemals in der aktuellen Außenpolitik gegenüber Israel von der eigenen historischen Schuld zu lösen. Und selbst wenn es uns gelingen sollte, ohne dass dies die Erinnerung und das Gedenken berühren dürfte und wir unsere heutigen Vorstellungen kritisch vorbringen wollten, Israel würde immer – das jedenfalls hat es bisher getan – die Verpflichtung Deutschlands zu absoluter, uneingeschränkter Treue Israel gegenüber einfordern.

Gibt es keinen Spielraum innerhalb der deutschen ethischen und historischen Verpflichtung für eine eigenständige Außenpolitik gegenüber Israel?

Und: Muss die Hochschätzung der jüdischen Kultur, die Liebe zu den jüdischen Menschen, den Künstlern, Schriftstellern, Intellektuellen für immer verknüpft sein mit einer kritiklosen Beziehung zur gegenwärtigen Politik Israels und wie sie sich zur Zeit entwickelt?

G-A G Wieder eine lange verschnörkelte Frage, die was völlig anderes meint, als sie den Anschein hat. Diese Israelopathie, dieses »Leiden an Israel« ist eine typisch europäische Erscheinung. Wieso Liebe zu den jüdischen Menschen, was hat das überhaupt mit Liebe zu tun, warum sollte man die gerade lieben? Die soll man achten und respektieren wie alle anderen, aber was hat das mit Liebe zu tun, ich liebe nicht meinen Nächsten, ich respektiere ihn und achte ihn als Menschen, ich liebe meine Frau, meine Familie und meine Freunde. Und wer sind diese Künstler usw., die Sie hier erwähnen, denn Einstein, Marcuse, Warburg, Liebermann Oppenheimer und tausende andere waren Deutsche oder Österreicher, jüdischen Glaubens oder jüdischer Herkunft, aber keine Juden. Das ist leider eine typisch deutsche Redensart, kein Einziger, dem nicht sofort das Wort Jude entgegengeschleudert wird, auch wenn der Gemeinte sich überhaupt nicht als Jude empfindet, nach deutscher Bestimmung ist er es aber doch. Bei Ihnen scheint sich also seitdem nichts geändert zu haben.

H-J H Ich spreche von der jüdischen Kultur, *Sie* sprechen von »dem Juden». (Nebenbei, ich habe Menschen in Israel, die ich *liebe.*)

Ihre Misstrauensbekundungen sind so fundamental, dass Sie *jeden Deutschen* damit ansprechen wollen. Es ist gleichgültig, wer Ihnen gegenübersitzt. Sie nehmen sich das Recht zu Unterstellungen, bei Ihrem Gegenüber habe sich »nichts geändert«, völlig unabhängig davon, ob Sie das so behaupten können. Eine Begründung geben Sie nicht. Sie tun es einfach und fühlen sich im Recht, es zu tun. Ich belasse es ganz bei Ihnen und mache einen neuen Versuch, ein *Gespräch* zu führen.

Ich meine, auch die deutsche Außenpolitik müsste einen Standort anstreben, von dem aus sie die ungeheure Komplexität und Vielschichtigkeit des gesamten Nahostkonfliktes in den Blick bekommt und von da aus Kritik vorbringt und Vorschläge zur Lösung macht.

G-A G Jeder und ich besonders erwarte mit Spannung Ihre wertvollen Vorschläge.

H-J H Wunderbar! Da Sie keine Vorschläge haben, werde ich an den meinen weiter arbeiten. Ob sie wertvoll und umsetzbar sind, wird man sehen.

Als wir uns in Berlin sahen, kam kurz das Gespräch auf die Art, wie Sie in Paris leben. Also frage ich Sie: Nehmen Sie in Paris an der gelebten jüdischen Kultur teil, tauschen Sie sich über die traditionelle und die heutige Literatur, die Kunst und Philosophie aus? Wie lebendig ist in Paris die jüdische Tradition? Das Fragen bringt solche Vergröberungen wie »das Jüdische« mit sich. Wir müssten uns über das Hebräische der jüdischen Kultur nähern.

G-A G Wieder einmal die Fixierung auf das Jüdische. Sie wollen mich immer wieder zum Juden machen, was ich nochmal gesagt, nur in Hitlers Augen bin. Sie eignen sich also seine Definiton an. Andererseits, warum sollte ich an der Pariser jüdischen Kultur teilnehmen, von der ich nichts weiß und die mich nicht mehr als andere Kulturen angeht. Von der jüdischen Tradition weiß ich so gut wie nichts, weil ich ihr nicht angehöre, was sie aber nicht wahrnehmen wollen, weil Sie obsessiv auf deutsche alte Eliminierungswünsche fixiert sind. Warum fragen Sie mich nicht nach islamistischem Fundamentalismus und dem zukünftigem Untergehen Europas. Denn Europa wird sich den großen totalitären Glaubensverpflichtungen unterwerfen müssen, vor lauter Verzicht auf Denken und Zivilcourage wird es unweigerlich den verschiedenen Sharias zu Opfer fallen.

H-J H Ich möchte Sie daran erinnern, dass Sie es sind, der seine Autobiographie *Über die Flüsse* mit einer ausführlichen Darlegung Ihrer jüdischen Herkunft beginnt. Schreiben Sie Ihre Biographie gerade neu? Ich spreche doch gar nicht von Ihnen als einem Juden, sondern von der jüdischen Kultur! Warum verfälschen Sie meine Sätze?

Die Ebene, auf der ich mit Ihnen sprechen wollte, war inhaltlich eine andere, aber auch in der Form: ein *Gespräch*, geprägt von Achtung und Empathie. Und inhaltlich wollte ich von der intellektuellen und emotionalen Spannung ausgehen, wenn man sich (so wie ich es tue) Israel und der jüdischen Kultur eng verbunden fühlt.

Ich hätte gerne als einen Ausgangspunkt das Buch *Ausnahmezustand. Reisen in eine beunruhigte Welt* des Schriftstellers Navid Kermani genommen. Mich interessiert die Komplexität des Denkens, der Gefühle, der Einstellungen. In Ihren Büchern erkenne ich dieses Interesse auch. Etwas Anderes ist es, mit Ihnen ein Gespräch zu führen. Wenn man an der Idee eines dialogischen Austauschs mit Ihnen festhält, muss man sich mit einer grundsätzlichen Frage auseinandersetzen: Gibt Ihnen Ihre dramatische Lebensgeschichte das uneingeschränkte Recht, den Gesprächspartner ganz nach eigenem Belieben zu ent-individualisieren und den Raum so eng zu machen, dass der von Ihnen Angesprochene manchmal kaum noch atmen kann? Und wie lange soll solch ein »Recht« seine Gültigkeit behalten?

Eigentlich wollten wir doch über Ihre Bücher, beginnend mit der letzten Erzählung *Ein Wiederkommen*, sprechen. Der Leser wird sich fragen, was wollen die beiden Dialogpartner denn *gemeinsam* herausfinden, auf welcher Basis? Wie soll das möglich sein, wenn der eine voller Neugierde und der andere voller Misstrauen, Ressentiment und Aggression ist? Mich jedenfalls interessiert ein solches Gespräch nur sehr bedingt.

Da ich Sie als Schriftsteller schätze – das ist für mich die Basis –, versuche ich es mit Ihrer Erzählung *Ein Wiederkommen*.

Herr Goldschmidt, ich habe Ihre Erzählung *Ein Wiederkommen* zuerst in der deutschen Fassung gele-

46

sen und wollte dann wissen, wie sich die Erzählung im französischen Original *L'esprit de retour* liest. Die Überraschung und die Verwirrung waren sehr groß, ich musste feststellen, dass es sich um zwei Originale handelt. Schließlich habe ich beide Bücher Abschnitt für Abschnitt miteinander verglichen und möchte mich nun gerne mit Ihnen über meine Eindrücke und Einschätzungen austauschen.

Lassen Sie es mich zu Anfang mit einem Bild versuchen: Könnte man sagen, im französischen Text arbeiten Sie mehr wie ein Zeichner, sie skizzieren Ihr Erleben; im deutschen Text sind Sie vielmehr ein Maler, der mit jedem Strich, mit jeder Farbe die ganze Fülle der eigenen Gefühle und Körperlichkeit stärker zum Ausdruck bringt?

G-A G Warum überhaupt Verwirrung. Erwartungen sind doch immer da, um dementiert zu werden, sonst hätte das Schreiben doch keinen Sinn. Andererseits ist es natürlich zu erwarten, dass die Übersetzung sich mit dem Text deckt, das funktioniert fast immer, wenn Autor und Übersetzer nicht dieselben sind, wenn sie aber eine einzige Person sind, wird es schon schwieriger, denn die Zeit kommt dazwischen und man ändert sich selber von Sekunde zu Sekunde, und man widersteht während des Übersetzens nicht immer der Lust am Wiederansetzen zum Weiterschreiben. Auf dem Titelblatt steht nicht aus dem Französischen übersetzt, weil es eben nicht ganz nur reine Übersetzung ist.

Auch weiß ich gar nicht mehr genau, wie ich übersetzt habe, ob ich auch Abschnitt für Abschnitt verglichen habe, ich erinnere mich nicht genau, ob ich das offene Buch neben mir hatte. Ich habe den Eindruck, dass die beiden Texte irgendwie gleichzeitig entstanden sind und dass es nicht immer nötig war, das zu wiederholen, was der andere schon gesagt hatte, so albern es auch klingen mag. Nachher ist es schwer, sich an den sogenannten »Schaffensprozess« zu erinnern. Auch hatte ich nicht mehr meinen eigenen Text unter den Augen, er lag auf einem anderen Tisch, und ich war zu faul, ihn zu holen, so dass ich allmählich aus dem Kopf übersetzte und dasselbe eben anders schrieb.

Was mich aber an Ihrer Frage besonders interessiert, ist, was Sie über Zeichnen und Malen sagen, ich hätte es eher umgekehrt formuliert. Im Französischen wird gemalt, gerade ohne viele Worte, im Deutschen gezeichnet mit vielen Wörtern.

Das Deutsche ist eine Art Werkzeugkasten, mit dem Sie alles machen können, da ist alles drin. Die Wirklichkeit wird genau dargestellt, so wie sie ist. Im Französischen muss der »Sprecher« die Arbeit selber machen mit nur sehr spärlichen Hinweisen, man braucht nicht alles zu sagen. Das ist der Grund für eine andere Sprachfreiheit als im Deutschen. Im Französischen muss man sich vieles selber vorstellen, im Deutschen wird man an der Hand durch den Wald geführt. *J'entre dans la gare.* Im Deutschen fahre ich, gehe ich in den Bahnhof hinein, bei jeder Gelegenheit muss man sagen, wie man es macht, oder *»sortie«* ist zugleich Ausgang und Ausfahrt usw. Die Wörter haben in jeder

48

Sprache ein anderes Feld, in dem sie sich mehr oder weniger »ausbreiten«. Die »Sinnfelder« überdecken sich nicht unbedingt, sie machen es jeweils anders von Sprache zu Sprache, von Wort zu Wort.

H-J H Könnten Sie diese Betrachtung auch auf die Kunst beziehen?

G-A G Das Französische beruht viel mehr als das Deutsche auf sous-entendus, auf understatements, Termini, für welche das Deutsche eben nichts Entsprechendes hat. Das drückt sich am besten in der gegenseitigen Geschichte der Malerei aus. Der deutsche Malraum ist meistens voller Details, prall gefüllt mit Einzelheiten (die Altarbilder des 15. oder 16. Jahrhunderts), es ist wie beim Expressionismus ein unruhiger, ein angstvoller Raum. Die ganze wundervolle deutsche Plastik z. B. des 15. oder 16. Jahrhunderts, die Holzschnitzerei von Künstlern wie Riemenschneider ist voll von Schmerz und Weh, und das bis ins 20. Jahrhundert hinein, welches in Deutschland, wie man weiß, mit dem absoluten Horror endete. Der französische Raum ist viel gelassener, sogar im Leiden *(La Pietà d'Avignon)* und besonders in der Landschaft (Poussin, Cézanne). Die Grundharmonien der Malerei sind andere: blau-rot-gelb statt grün-rot wie in der Malerei des Kaiserreichs im 14. und 15. Jahrhundert. Die Gesichter auf diesen Altarbildern wie auch in der Holzschnitzerei sind vom Kummer, vom Schmerz gezeichnet; es sind wundervolle Zeugnisse der Menschenseele, aber auf dramatische Weise.

Der Kummer in der französischen und italienischen Malerei ist ganz anders, irgendwie, als sei er gelassen, mehr von innen betroffen auf weniger sichtbare Weise. Eine besondere Tragik durchzieht die ganze deutsche Kunstgeschichte, die sich dann im Expressionismus ganz deutlich kundgibt. Es wäre ein schönes Forschungsthema, diese Tragik, diese Unruhe und Sorge der deutschen Kunst.

Die Landschaft ist im Französischen dabei und braucht nicht mitgesagt zu werden. Ich bin in meinem Internat, wo es sonst nichts anders zu lesen gab, sozusagen von den großen Klassikern des 17. Jahrhunderts erzogen worden (La Bruyère, La Rochefoucauld, Saint-Simon usw.), bei denen nie eine Landschaft vorkommt und bei denen das innere Auge immer die dazugehörigen Landschaften mitsieht. Aber die Schulbücher waren voll von Abbildungen der herrlichen Gemälde von Poussin, Lorrain, Georges de la Tour oder Corot, das orientiert den inneren Blick. Vielleicht hat mich beim Übergang von einer Sprache in die andere, das Deutsche, das weiß ich eben nicht, diese alte Unruhe ergriffen. Vergessen Sie nicht, woher ich komme, als sehr alter Mann, es kostet mich immer eine innere Überwindung, ins Deutsche hineinzukommen, natürlich nicht beim Sprechen, aber wenn ich anfange, darüber nachzudenken, dann kommt mir das Deutsche wie von irgendwo angeweht heran, ich kann es überdenken, wo ich im Französischen unreflektiert drin bin, »zwei Seelen leben zum Glück in meiner Brust«.

Sie sollten nicht vergessen, dass das Deutsche eine kriminalisierte Sprache ist, der das Schlimmste überhaupt passierte, sie wurde von der Nazischeiße für immer geschändet, (die LTI bleibt in ihr hängen), der deutschen Sprache ist das absolute Unglück passiert, sie ist vom Verbrechen markiert, und sie, die herrliche deutsche Sprache, ist Opfer der feigen Hingabe eines ganzen Volkes geworden, sie rettet sich in die Emigration, in die Schweiz, in die USA, wo sie überlebte als Sprache.

Nochmals betont, es gibt keine Sprache, die mehr Sprache wäre als eine andere, es gibt keine höhere und keine niedrigere Sprache, alle Sprachen sind sprachlich gleich Sprachen, nur eben anders; keine Sprache eignet sich mehr als eine andere für dies oder das; das Deutsche ist nicht die Sprache der Philosophie, nur hat sich in Deutschland im 19. Jahrhundert aus politischen und historischen Gründen die Philosophie besonders entwickelt, oft als Wortklauberei und Sprachgeplänkel, sie entsprach der verwinkelten Situation der damaligen deutschen Lande. Jede Sprache macht dasselbe eben anders.

Man kann sich übrigens fragen, inwieweit der Selbstmord Europas nicht mit der »deutschen Philosophie« zusammenhängt, wie sie sich nach dem 19. Jahrhundert entwickelt hat, als unbewusster Trieb zur Deutschheit, die dann im Zusammenfallen von Denken und Nationalsozialismus gipfelte.

H-J H Mir kam es beim parallelen Lesen der beiden Fassungen so vor, als hätten Sie sich vom französischen Original geradezu abgestoßen und die Original-Fassung immer wieder zum Verschwinden gebracht, um einen freien Raum für ein noch körperlicheres Schreiben zu eröffnen. Ich sage noch körperlicher, denn wie stark Ihr Schreiben ein körperliches ist, erfährt man in jedem Augenblick des Lesens.

G-A G Wenn ich auf solche Fragen eingehen könnte, wäre ich an Ihrer Stelle, nicht an meiner. Übrigens gibt es genauso mehrere Passagen in der französischen Originalfassung, die ich nicht ins Deutsche übertragen habe, nicht zu vergessen, dass der Text, auch der deutsche, zuerst französisch entstanden ist, eine Passage wollte ich nicht übersetzen, eine andere habe ich absichtlich, beinahe aus historischen Gründen ausgelassen, das geht aber nur mich etwas an.

Vielleicht hätte ich damals beim Schreiben die Antwort gewusst, sie wäre aber nichts anderes als jenes Schreiben, jenes Auslassen gewesen.

Man kann sein eigenes Geschreibsel nicht kommentieren, wenn man das kann, heißt es, dass man seinem eigenen Schreiben nicht auf den Grund gegangen ist. Man weiß genau, wie man es macht, während man es macht, aber nicht, was man macht. Man kann höchstens nur weiterschreiben.

Körperlicher sagen Sie, ja, weil es ans Groteske, Fratzenhafte zu stoßen droht. Glauben Sie etwa, die deutsche Sprache sei für mich etwas Neutrales, ein beliebiges Instrument – sollte es so etwas überhaupt geben? Aus dieser Sprache wurde ich verstoßen, als unwertes Lebensmaterial, abgeschafft, vergast gehörte ich, und das soll nicht irgendwie in der Sprache durchklingen, in meiner von der LTI geschändeten Muttersprache! Die deutsche Sprache ist mit meinem ganzen Wesen zutiefst verwachsen, es sind die ersten Klänge meiner Kindheit, Lieder, Märchen, Gedichte, Rufen, Lachen, Weinen, das alles in meiner Sprache, die ich aber nicht sprechen durfte, sie wurde mir, einem Kind, verboten.

Mein Deutsch wurde mir von meiner neuen Muttersprache, die Sprache meiner so lieben Frau, dem schützenden Französisch, zurückgeschenkt. Einzig das Französische erlaubte mir, meine so innig geliebte herrliche deutsche Muttersprache, von der Nazischeiße unversehrt, wie einen geheimen Schatz durch die Jahre des Entsetzens in mir zu erhalten: Eichendorffs Mondnacht oder Goethes Erlkönig, von denen ich doch als Neunjähriger, vor dem Exil, schon wusste, dass ich sie nicht vergessen durfte (heute als alter Trottel kann ich sie nicht mehr auswendig). Die wunderbare Sprache, in der ich dann aufgewachsen bin, die mich Widerstand und freies Denken lehrte, das Französische hat mir nicht nur den »Geist« freigemacht, sondern mir auch meine intakte, unbeschädigte Muttersprache zurückgeschenkt, so wie sie mir noch erschien von der LTI noch unverseucht.

H-J H Lassen Sie uns mit dem Vergleich einiger Passagen beginnen, die in meiner Wahrnehmung zeigen, wie viel körperlicher der deutsche Text ist:

Auf S. 12 unten / 13 oben der französischen Ausgabe

endet ein kurzer Passus mit dem Satz: »Il n'habitait pas dans la petite maison de bois, mais dans une grande chambre à l'internat, et Arthur Kellerlicht s'était étonné qu'un adulte pût vivre ainsi comme un interne.« Daran schließt sich auf S. 13 der deutschen Ausgabe ein Satz an, der im Französischen fehlt: »Arthur Kellerlicht hatte es immer vor Scham geschüttelt, wenn er sich einen Erwachsenen im Bett vorstellte.«

Herr Goldschmidt, ich möchte Sie bitten zu beschreiben, wie Sie das erlebt haben, dass sich im Deutschen körperlich und phantasmagorisch so präzise Erinnerungen und Bilder einstellten.

G-A G Sie hätten recht, wenn es um die Übersetzung eines jeweiligen anderen Textes ginge, aber es geht um meine eigene, und mit mir und meinem Zeug mache ich, was ich will und wie es mir gerade passt.

Weshalb dieser Satz fehlt, kann ich Ihnen nicht mehr sagen: Was während des Übersetzens passierte, kann ich nicht mehr sagen. Ich habe auch einiges plötzlich gestrichen, weil es mir zu detailliert, zu genau, ja gerade vielleicht zu »deutsch« für die endgültige französische Fassung schien. Es gab manchmal eine Anhäufung von Einzelheiten, die vielleicht der immer wiederkehrenden »Nackedeis« mir als zu viel erschienen.

Da ist wieder einmal der Text die Antwort, ich kann nicht einfach so ins Blaue hineinschießen. Vielleicht ist das so, weil das Deutsche in mir etwas Fratzenhaftes bekommt, im deutschen Ausdruck ist eine mögliche Gewalt, eine mögliche Wucht (ein unübersetzbares

Wort) enthalten, ich würde fast sagen Rohheit, die es im Französischen nicht gibt, eine polierte, vom langen Hofgebrauch auf Distanz arrangierte Sprache: Das Deutsche ist sozusagen ohne *noli me tangere*, es haut drauf los, dank der ständig verfügbaren Wortzusammensetzungen. Es ist, als ob das Deutsche gerade wegen seiner Sachlichkeit, seinem Sinn für das leiblich Konkrete, jeder inneren Zensur enthoben sei, so dass alles möglich wird. Das ist das Problem der deutschen »Eigentlichkeit«, die zu den Katastrophen führt, die wir erlebt haben; das Deutsche ist eine Sprache der »unbegrenzten Möglichkeiten«, wie es der liebe Wilhelm kurz vor 1914 von Deutschland sagte, unbegrenzt bis zur »Vergasung« einbegriffen.

H-J H Erlauben Sie mir, dass ich einen weiteren großen Passus (auf S. 14/15), der – außer einer Stelle – im französischen Text fehlt, vorlese:

»Alle Gesichter waren immer und überall mit dabei, und das war das Groteske. Er, Kellerlicht, stellte sich diese Gesichter beim Waschen, beim Ankleiden vor, und dabei sah man doch kaum etwas in der fahlen Beleuchtung des Abteils. All die Reisenden waren auch immer wieder, abends oder morgens, selbst Nackedeis, und man wußte nichts von all den Landschaften, die jeder einzelne von ihnen gesehen hatte, von den Wegen, die er gegangen, von den Zimmern, in denen er gewesen war, den Türen, die er auf- oder zugemacht hatte, all das war in jedem von ihnen, und von alldem wußte man nichts, von den Sonntagskleidern, den

Abenden, den Fenstern, aus denen sie sich gelehnt hatten, und jedes Gesicht war so vollkommen anders und doch ähnlich zugleich mit seinen ganz eigenen Zügen, die jeden von ihnen überallhin begleiteten, aufs Klo, ins Bett, ins Zimmer, auf die Straße, man konnte sich einfach nicht sattsehen. Ganze Weltgeschichten fuhren da mit ihm, Arthur Kellerlicht, eine Frau mittleren Alters saß am Fenster, schaute starr in die Nacht hinein und dachte an etwas, wovon man nichts ahnte, sie hielt den Kopf unbeweglich gesenkt, und die Haare hingen ihr herunter. Sie mußte an die dreißig Jahre alt sein und hatte bestimmt schon Hunderte von Türen zu- und aufgemacht, sie hatte Verwandte und Freunde, Eltern vielleicht, die alle wiederum andere Menschen kannten, und jeder hatte seine eigenen Bilder in sich.

Von den drei Reisenden neben sich sah er nur wenig, Knie und eine Gesichtsflanke auf Augenhöhe, die drei anderen ihm gegenüber hatte man alle auf einmal vor Augen, mit allem Zubehör: Nase, Lippen, Kinn, Stirn. Alles hatte sie immer, zu jeder Gelegenheit, begleitet, war immer dabei, hatte alles gehört und gesehen.

Hinter den Reisenden befand sich in einem Rechteck ein fahlgraues Foto, das eine französische Landschaft darstellte. In der sehr schwachen Beleuchtung konnte man hinter dem Glanzpapier nur vage Formen von Bergen, von Ebenen oder Türmen sehen, vielleicht war in irgendeinem anderen Abteil des Zuges die Landschaft abgebildet, durch welche man gerade fuhr.«

Eine wunderbare Stelle, nur deswegen führe ich sie an.

G-A G Wenn es um eine Beziehung der Person zu sich selbst geht, da scheitert die »Wissenschaft«, man kann sich ja eben nie objektiv als ein eigenes Objekt betrachten, weil es schon bereits dazu zu spät ist, das zu untersuchende »Objekt«, der Augenblick des »Übersetzens« einer eigenen Stelle ist bereits längst vergangen, wenn man darüber nachdenken will. Das ist dann schon »Geschichte«.

Ja, allerdings. Da fehlt ein großer Teil, und warum sollte der nicht fehlen, dafür habe ich manch Neues in den deutschen Text eingefügt, das im Französischen nicht stand. Oder ob ich das beim Übersetzen einfach vergessen habe? Gut möglich. Vielleicht war es auch, weil das Deskriptive im Französischen unnötig den Gang der Sache verlangsamt. Aber andererseits kommt immer etwas plötzlich auf, ich mache mit meinem eigenen Schreiben, was ich will, oder besser gesagt, es hat mit Wollen eigentlich wenig zu tun, man wird von sich selber überrascht.

H-J H Dass es Sie eine innere Überwindung kostete, ins Deutsche hineinzukommen, weiß ich von Ihnen, aber man merkt es bei der Lektüre natürlich nicht. Ihre deutsche Sprache ist so klangvoll, rhythmisch, frei erzählend, so (wie ich es empfand) »malerisch«. Gestatten Sie mir, dass ich aus meiner Leseerfahrung heraus Sie frage:

Das Französische ist die Sprache, in der Sie die Zeit im Internat erlebt haben. Die Sprache Ihrer frühen Kindheit war das Deutsche. Kann es nicht auch so sein, dass Ihnen das Deutsche dann näher ist, wenn Sie das im Internat Erlebte mit der Körperlichkeit in der frühen Kindheit verknüpfen?

G-A G Das Deutsche überlebte in mir zuerst als verbotene Sprache, dann als Sprache des absoluten Verbrechens, obgleich von allen Quellen abgeschlossen, wusste ich alleine schon aufgrund der Besetzung Frankreichs durch die Nazis, dass ich doch irgendwie zum Verbrechen mit dazugehörte. Als erstmals Plakate erschienen, auf denen man die ersten Fotos aus Buchenwald sehen konnte (von Auschwitz erfuhr man erst später), sagte die Internatsleiterin: »Das haben Ihre Leute gemacht, mein Junge« (denn wir wurden, trotz der Strafen, gesiezt). Das war zugleich absurd und verständlich, aber nicht gerade fördernd, was das Selbstbewusstsein angeht. Natürlich waren meine ersten zehn Jahre völlig deutsch geprägt, aber eher von den Sinnen her, durch Familie, Landschaft und Stimmen oder Musik (meine Mutter spielte hervorragend Klavier).

Sie scheinen unbedingt zu wollen, dass das Französische für mich nur eine Zusatzsprache sei, *une langue d'appoint*, dem ist aber nicht so. Das Französische wurde zur Muttersprache (das Italienische, das ich schon ziemlich konnte, verschwand leider aus meinem inneren Horizont), weil ich in eine völlig neue Welt stürzte. Vom frühlingshaft blühenden Italien – es war März 1939 – kam ich ins total verschneite Hochgebirge, wo alles anders war und wo ich das Deutsche nun wirklich nicht brauchte. Deutsch wurde für mich im Hintergrund eine ehemalige Sprache. Mein Deutsch habe ich mir erfunden, um möglichst kein einziges Wort in den Mund zu nehmen, wie es in Hitlerdeutschland gesprochen wurde, wie es meine sogenannten »Volksgenossen« benutzten, aus denen man mich zum Glück ausgeschlossen hatte. Das Deutsche ist für mich eine andere Sprache geworden, ein »Meindeutsch«, wie ich es vor der Untat alleine für mich retten konnte, ein Deutsch, das von der Hitlerei nicht verseucht gewesen ist, weil ich damals schon in Frankreich wenig von der Schändung der deutschen Sprache mitbekommen hatte.

Nein, das Deutsche ist mir niemals näher, auch nicht, wenn – wie Sie sagen – ich »das im Internat Erlebte mit der Körperlichkeit in der frühen Kindheit verknüpfe«. Die Körperlichkeit braucht keine Sprache, sie ist schon selber eine Sprache, durch alle Sprachen hindurch. Sprache erlebt man vielleicht durch Sprache, aber nicht umgekehrt (ich jedenfalls nicht, soweit ich davon überhaupt weiß). Das sind so Sachen, wo solche Analysen scheitern.

Oder wollen Sie unbedingt, dass es, was mich betrifft, Hitler nicht gegeben hat? Ihr lieben freien Deutschen der heutigen Bundesrepublik, Ihr Nachgeborenen könnt nicht einmal das Ausmaß des Naziverbrechens erahnen, Ihr Glücklichen. Was da passierte, war eine Ungeheuerlichkeit, wie sie die Geschichte kaum in anderen Zeiten aufweist: ein Land, das im Morden schwelgt, jeder wusste Bescheid, und das sich mit Begeisterung in die eigene Vernichtung stürzt.

H-J H Natürlich wünschte ich mir, dass es Hitler-deutschland nicht gegeben hätte. Nicht für Sie und für niemanden! Ich bin zutiefst davon berührt, dass Menschen mit der deutschen Sprache Angst, Entsetzen und Trennung verbinden. Das kann ich in keinem Augenblick vergessen. Warum versuche ich, die deutsche Sprache zu »retten«? Auf keinen Fall mit dem Wunsch der auch nur minimalsten Verringerung des Schreckens. Es muss also etwas ganz anderes sein. Wir werden darauf noch zu sprechen kommen.

Ich bitte zu bedenken, dass man als Fragender immer ein Stück weit abstrahiert. Ich tue es aber immer mit dem Wunsch, etwas genauer wissen zu wollen. So frage ich also: Ist der deutsche Text – in meiner vielleicht eingeschränkten Lesart! – körperlicher, weil Ihre Assoziationen sich mit einer Zeit verknüpfen, in der Sie anfingen, Ihren Körper in seinen Regungen wahrzunehmen, und diese Zeit auch die Zeit der Sprachfindung im Deutschen war?

G-A G Es ist doch ein äußerst naiver Wunsch. Das Wort »wünschen« ist ein ganz wenig schwach dafür, das sind Ausdrücke, Ansichten, die aus der Ihnen erwiesenen »Gnade der späten Geburt«, wie jemand es sagt, resultieren. Da ist schon die historische Kluft so groß, dass die richtigen Worte fehlen, sollte es sie überhaupt geben. Dies gesagt: Ihre Lesart ist interessant und keineswegs »eingeschränkt«. Sie wollen mir aber wieder das Deutsche servieren, als meine Grundsprache, aus der alles kommt. Dem ist aber nicht so.

Die Regungen des Körpers kann man in Sprache übersetzen, sie kommen aber nicht aus der Sprache, sondern aus dem Körper. Das Erste, was ich überhaupt vom Französischen verstand, war das Erotische, alle kleinen »Schweinereien« verstand ich sofort. Internatsfreundschaften spielen eine grundlegende Rolle bei meiner Selbstentdeckung, sie wurden bestraft, was die Wollust nur noch förderte. Nicht zu vergessen, dass in katholischen Internaten die Rute das Haupterziehungsmittel war, das sehr ritualisiert, zynisch auf erotischer Erregung durch eine subtile Mischung von Schmerz, Scham und Lust aufgebaut war, dazu kam die klassische Sprache und das Latein, dessen Erlernen auch mit solchen Strafen verbunden war. Das verleiht dem Latein eine ganz eigene Prägung, eine majestätische wunderbar genaue Sprache. Für »Prügel«, ein absolut unerotisches brutales Wort, gibt es dagegen im Französischen das lustige, leicht unzüchtige Wort: fessée (fesse = Gesäßbacke).

Das Deutsche, das für so etwas taubstumm ist, kann also recht wenig dafür.

Wie soll ich überhaupt vergessen, dass leider, leider die deutsche Sprache für mich mit Angst, Entsetzen und Trennung verbunden ist? Es ist doch die Sprache mittels welcher das größte Verbrechen der Weltgeschichte begangen wurde.

H-J H Können wir sagen, dass sich Arthur Kellerlicht in den Gesichtern der anderen, in dem erotischen Abhängigkeitsverhältnis und der extrem stark ausgebildeten Ritualisierung des erotischen Geschehens als »Identität« zu finden und festzuhalten versucht? Darf ich damit an einen Satz anschließen, den Sie mir freundlicherweise schrieben: »Plötzlich verstehe ich auch durch Sie, dass der Masochismus ein Schutz gegen meinen Identitätsverlust ist ...«

G-A G Da sind meine Erzählungen die Antwort. An dieser Stelle wird es mir zu direkt, das lässt sich erzählen; es aber zu theoretisieren, das ist zu viel verlangt. Vielleicht könnten Sie das anders formulieren, um mich in Schwung zu bringen. Die Frage ist zu weit ausgeholt, und da bekommt es etwas Peinliches, wenn dabei doktoriert wird. Ich kann mich auch selber nicht in Theorie verwandeln. »Die Theorie ist grau, mein Freund, der Baum des Lebens aber immer grün.« Das Selbstspektakel ist das Grundraster des Masochismus, wie hochinteressant ich doch bin als halbnackter Siebzehnjähriger, der unter den Rutenstreichen unter aller Augen weint, um sich besser nachher den Wonnen seiner Finger zu ergeben. So kann auch die Einbildungskraft galoppieren und den Geist verfeinern, so wahrscheinlich hatten es sich die Jesuiten, von denen das Internat abhing, bestimmt gedacht.

H-J H Ich empfinde Ihre »Theorie«, zum Beispiel in Ihren Büchern über Freud, gar nicht als »grau« – und das könnte ich auch von vielen anderen »Theoretikern« sagen.

G-A G Da haben Sie recht, das ist eine Ausrede wegen meiner Faulheit, ich hatte keine Lust, darauf einzugehen. Wenn »Theoretiker« nicht grau sind, dann sind sie eben Schriftsteller wie Bergson oder Nietzsche und keine »Theoretiker« mehr. Jede Theorie ist pedantisch, schon die Tatsache, dass man sie formulieren kann (sonst gäbe es keine Theorie), macht aus ihr eine tote Sache. In meinen Arbeiten über Freuds Sprache gibt es, Gott behüte, überhaupt keine Spur von Theorie, sondern nur Feststellungen und Beschreibungen von Übersetzungsproblemen. Eine Theorie, auf dem Gebiet, jedenfalls der »Geisteswissenschaften, ist schon als solche bedenklich, außerhalb der strikt naturwissenschaftlichen oder mathematischen Gebiete, weil eine Theorie eine Formulierung ist, die sich selber nicht überholen kann, die in ihrer Struktur erkennbar festsitzt. Eine Theorie ist da, um dementiert zu werden. Deshalb ist Freud vielleicht sprachlich interessanter als auf dem Gebiet der »Theorie«, ob es überhaupt um Theorie geht, als vielmehr um experimentelles Erforschen des Menschlichen?

H-J H Ich habe schon versucht zu sagen, dass mein Wunsch, die deutsche Sprache zu retten, auf keinen Fall etwas mit dem Wunsch der auch nur mimimalsten Verringerung des Schreckens zu tun hat. Ist es denn verwunderlich, dass mich Ihr Umgang mit der deutschen Sprache in Ihren Erzählungen und Essays in den Bann zieht! Vor allem auch, als ich sah, welch großartige Passagen nur in der deutschen Version von *Ein Wiederkommen* stehen. Ich wollte wissen, warum.

Das musste mich doch zu der Frage bringen, ob Ihnen einige Erinnerungen und Beschreibungen der Körperlichkeit nur im Deutschen möglich waren, die ich an vielen Stellen im französischen Text schmerzlich vermisse. Daher das Insistieren. Nehmen Sie nur den Passus auf S. 14/15 der deutschen Ausgabe, wo Sie die Faszination des Jungen für Gesichter beschreiben (»Alle Gesichter waren immer und überall mit dabei ...«).

Kann ich Sie mit dieser von mir geliebten Stelle, wo »ganze Weltgeschichten mit ihm fuhren«, vielleicht dazu verlocken, meine etwas zu theoretische letzte Frage anders anzugehen, vom Selbst-Erleben in den Gesichtern der anderen?

G-A G Nicht ich verbinde mit der deutschen Sprache Angst, Entsetzen und Trennung, sondern das ist eben das Wesentliche, was man mir von der deutschen Sprache gelassen hat. Was kann ich dafür, dass es die Sprache des absoluten Verbrechens geworden ist, das in jeder kleinsten Wortfaser steckte. Ja, endlich hat ein gewisses Deutschland zu sich selber zurückgefunden, von dem man dachte, es gehöre nun endlich ganz zur Vergangenheit. Ich schreibe ein schönes Deutsch, meinen Sie, ganz einfach, mein Deutsch wurde nicht besudelt, verseucht, vielleicht für immer unkenntlich gemacht von den Nazis und ihren miserablen Nachfahren. Mein Deutsch lernte ich bei Eichendorff oder Goethe, bei Erich Kästner, bei Fallada, bei Hermann Hesse und vielen anderen, die

64

ebenso schreiben wie ihnen »der Schnabel gewachsen« ist. Aber der, dem ich in dieser Beziehung am meisten verdanke, ist mein Freund Paul Nizon, vielleicht der größte Meister der deutschen Sprache der Gegenwart, in kaum einem Buch wird so weit in der Sprachbereicherung gegangen als in *Canto*, wo es wirklich vor Spracherfindungen strotzt, aber saftige, waghalsige aber immer treffende Spracherfindungen. Nizons Erzählungen haben es mit der Sprache zu tun, so wie sie in einem sitzt, als Lebensmaterial, die Sprache wird ausgesaugt, unter Nizons Feder gibt sie alles her, was sie überhaupt enthält.

Allen voran ist für mich aber Peter Handke der Neugestalter der deutschen Sprache, von dem ich mehr als zwanzig Titel übersetzt habe und der sich genauso wenig wie Kafka kommentieren lässt, deshalb könnte man ganze Bibliotheken darüber füllen und doch immer dahinterbleiben.

Übrigens, der deutschen Sprache geht es blendend, nur ist die Frage zu stellen, ob Menschen meines Alters damit Unbelastetes, Gültiges überhaupt noch formulieren können. Was Ihre »geliebten Stellen« betrifft, es ist sehr lieb von Ihnen, so etwas zu schreiben. So gibt es Dinge, die man im Französischen nicht zu sagen braucht, weil jeder sie sofort errät, man braucht nicht immer alles so betonen. Im Französischen habe ich ja eben das Auslassen gelernt, die Diskretion. Die vielen Stellen … Welche z. B. noch?

H-J H Es sind oft Passagen, wie zum Beispiel auf S. 12 und 14, die von der Seh-Erfahrung eines anderes Gesichts handeln. Ich will, wenn ich die beiden Versionen vergleiche, nur besser verstehen, sonst nichts, nichts Philologisches. Ich möchte betonen, dass ich mit Ihrer Äußerung, die Sie eben im Anschluss an Grass machten, nicht einverstanden bin. Also:

»Es gab so viel in einem Gesicht zu sehen, das von sich selbst nicht wußte, wie es aussah.« Oder: »Und nun konnte er wieder nicht von diesem Gesicht lassen.« Manche dieser Sätze wirkten auf mich wie eine Ouvertüre für einen wenig später folgenden, die Atmosphäre der Situation eindrücklich erzählenden Passus.

Es geht doch immer um die Beziehungsformen von »Ich« und »Anderer« in uns und um uns herum.

Oder auf S. 16/17: »Die Wiesen, Hecken und Wälder wurden von dieser sonderbar geraden Linie durchschnitten, und im vom Mond hell beleuchteten schmalen Strich saßen oder lagen einige hundert Menschen, je nach Reichtum in weichen Betttüchern oder auf Leder, Kord oder Holz, schlafend, dösend, nachdenkend, wartend, traurig, ruhig oder froh, und von all diesen jahrzehntelangen Geschichten eines jeden war nichts zu sehen, nichts zu vernehmen, und doch zog da in jenem winzigen Strich, der da fuhr, die ganze Welt vorbei.

Einer erinnerte sich an den letzten Geburtstag seiner kleinen Tochter, an den im Garten aufgestellten Tisch mit der Decke, die auf einer Seite die Beine verdeckte, man hatte Kuchen von blauen Tellern gegessen, und der andere neben ihm dachte an den Haken am Fensterladen, den er immer so schwer aufkriegte, und ein anderer an seine Küche, wo seine Frau, trotz fortgeschrittener Stunde, am Tisch mit dem Wachstuch saß und auf ihn wartete: aus jedem konnten ganze Romane hervorkommen, und er, Arthur, der da auch im winzigen Strich saß, stellte sich die Unendlichkeit der Welt vor. (…)

Jetzt, auf einmal, war das alles weg, verschwunden, schon weit hinter dem Horizont, das steile Wäldchen, wo er so viele Tannenzapfen für die Heizung gesammelt hatte, sie lagen, nie hatte es zwei gleiche gegeben, überall unter dem strähnigen Gras, der Felsenbehaarung, auf dem Moos, zwischen den Heidelbeersträuchern, die wie winzige Waldbäume aussahen. Er hatte damit die ovalen Weidenkörbe für Tomaten gefüllt. Der lange Balkon ganz oben, wo er so oft gestanden und das ganze Tal überschaut hatte, bis auf fast hundert Kilometer weit …«

G-A G Es ist möglich, dass ich diese Passagen erst für die deutsche Fassung schrieb, die nochmals betont nach der französischen geschrieben wurde, es kamen mir im Nachhinein Bilder, die ich nicht mehr in die französische Fassung bringen konnte, einfach doch weil die bereits schon beim Verlag erschienen war. Ich bin nicht mehr Internatsschüler.

Gut, also die vielen Stellen, die Sie im französischen Text »schmerzlich vermissen«, habe ich wahrscheinlich absichtlich ausgelassen, weil das Französische eine Konsenssprache ist, wo man ja eben das Überflüssige vermeidet. Ich habe mehr aufgetischt im Deutschen, weil das Deutsche eben nichts verschweigt; es ist doch eigentlich eine rohe, fast brutale Sprache, *qui ne laisse rien ignorer*, eine ungeheuer realistische Sprache, der Sie nicht ausweichen können, die Sie nie im Stich lässt, mit der man alles bis zur Vergasung, wirklich alles rechtfertigen und beglaubigen kann. Sie hat einen ungemein dicken Bauch, und dass Sie dabei etwas »vermissen«, freut mich beinahe. Auch hatte ich nicht immer die französische Fassung beim Übersetzen dabei, das fand ich albern und habe einfach aufs Geratewohl ins Blaue übersetzt.

Die »Weltgeschichten« habe ich wahrscheinlich ausgelassen, weil das bei Patricia Highsmith steht und wahrscheinlich bei Handke.

H-J H Ist mein Eindruck richtig, dass sich dem Jungen die Erfahrung der Vertreibung seelisch und körperlich so tief eingeschrieben hat, dass ihn sein bloßes Dasein unablässig von Grund auf verwundert und er sich rastlos der Dinge um ihn herum versichern muss?

G-A G Ja, das Exil hat mein ganzes Leben geprägt, es ist immer in mir gegenwärtig. »Vertreibung« – entschuldigen Sie bitte – verharmlost, Vertreibung ist so ein Wort für Kuhherden. Sonderbar, dass es kein anderes Wort gibt. Mein ehemaliges »Vaterland«, was für ein dämliches Wort, ist mir mehr als Wurst. Sie brauchen doch nur an Günter Grass zu denken, um zu verstehen, dass ich mit dem heidnischen Germanien nichts zu tun habe. Dass meine »Heimat«, das ist ein wunderbares Wort, in mir ununterbrochen gegenwärtig ist, natürlich, ich höre den Wind in den Bäumen unseres Gartens rauschen und meine Mutter rufen – nichts, nicht die kleinste Einzelheit ist davon vergangen, im Gegenteil, je älter ich werde, desto präsenter wird alles. Und das haben mir meiner Geburt wegen die Nazis weggenommen, ja wie sollte ich denn anders als aus dem Exil heraus denken?

Verwundert bin ich jeden Tag, das Leben noch genießen zu können; der Dinge brauche ich mich nicht zu versichern, ich verstehe nicht, was da gemeint ist. Manchmal habe ich bei solchen Fragen den Eindruck, mich einem Verhör zu unterwerfen – ob das zur Sache gehört? Das Alberne allerdings dabei ist, dass man sich, wie schon gesagt, immer dabeihat, nie von sich abkommen kann. Vielleicht hängt das doch mit der früher erlebten Verfolgung zusammen: Alle Menschen, die mehr oder weniger unter Terrorherrschaft leben, haben das vielleicht in sich, wie es Herta Müller in *Der fremde Blick* schreibt: »Die Selbstwahrnehmung stellt sich automatisch ein, man wird beobachtet, beurteilt, so muss ich auch selber beobachten«.

H-J H Was hat das mit »Verhör« zu tun? Meine Haltung zu Ihnen ist doch die eines Hinhörenden, Ihnen Zuhörenden. Meine Fragen beweisen es. Haben Sie eigentlich nie den Wunsch, den Anderen zu fragen, wie er etwas erlebt hat, zum Beispiel die Nachkriegszeit? Warum sehen Sie in Ihrem Gesprächspartner lediglich eine abstrakte Figur, von der Sie nicht viel mehr sagen als: Er gehört einer Generation an, deren Väter sich schuldig gemacht haben? Wenn ich nur der wäre, würde ich doch wohl kaum Ihnen und Ihrem Werk so voller Neugierde und Hochachtung zugewandt sein.

Der Verdacht eines »Verhörs« kann nichts mit mir zu tun haben, sondern nur mit einer Wunde, für die ich nicht verantwortlich bin. Meine Zugewandtheit beantworten Sie mit Agressivität. Daran habe ich mich schon gewöhnt, und doch lassen mich viele Ihrer Formulierungen erzittern.

Wahrscheinlich wird meinen Fragen immer wieder mal der »Makel« anhaften, zu »theoretisch« zu sein. Aber der Fragehorizont nähert sich von sich aus dem »Theoretischen« an, weil wir ja über Ihre Texte sprechen.

Außerdem haben Sie selbst so wunderbar deutende Bücher wie zum Beispiel *Der bestrafte Narziß*, *Als Freud das Meer sah*, *Freud wartet auf das Wort* oder *In Gegenwart des abwesenden Gottes* geschrieben, dass ich mich auch auf diese deutende Tonlage zubewegen kann. Selbst wenn wir glauben, nur zu beschreiben, deuten wir bereits.

G-A G Wie sollten Sie das auch verstehen, Sie leben doch unbeaufsichtigt bisher von der Geschichte, unbehelligt in einem friedlichen Europa, wo doch Menschen meiner Generation unter dem Druck des kommenden Krieges lebten.

Gut, Sie können weiter Fragen stellen, das macht mir Spaß, auch oder gerade über Sexualität und Masochismus. Ich bin mit allem einverstanden. Aber alles, was zum Exil (Vertreibung!!) gehört, ist ein empfindlicher, ein fast unzugänglicher Bereich, über den man nicht so einfach hinwegkommt.

H-J H Was mich beim Lesen so fasziniert hat, war, dass der kleine Junge wie mit einem Röntgenblick alle Menschen durchleuchtet: die ihm vertraut sind und die ihn gerade zufällig umgeben, alle Gesichter, Gesten und darüber hinaus auch die sinnlich wahrgenommenen Gegenstände. Ist er ein in sich verschlossener Bewohner eines ganz eigenen Universums, das aber mit unzählig vielen Fenstern zur Außenwelt hin versehen ist? Und ihm so jeder Mitreisende im Zug als ein undurchschaubares Wunderwerk aus Körper, Gesicht, Gestik, Vergangenheit, Gegenwart und unbekannten Seelenlandschaften erscheint?

G-A G Erstens dauerte die Reise einige Stunden, und ich schlief bestimmt auch. Was ich da schreibe, ist ja eben »Literatur«, sie ist keine Kopie, keine Fotografie der Wirklichkeit, sie erfindet sich doch jeden Augenblick, allein schon, indem sie sich in Worten ausdrückt. Wenn Sie das alles wörtlich nehmen, sind Sie verloren. Wie Sie sehr schön sagen: Jeder Mensch ist »ein undurchschaubares Wunderwerk«, sehr schön formuliert. Jeder ist Bewohner seines Elfenbeinturms, er kann nicht aus sich selber herausspringen, aber er gehört doch völlig zur Erlebniswelt, wie jeder andere Mensch auch; ich kenne nichts Rätselhafteres als einen anderen Menschen, der in sich steckt wie ich und von dem ich nie wissen werde, wie er das wohl macht; das ist viel mysteriöser, viel größer als irgendwelches Gottesgerede. Darüber habe ich früher ein kleines Buch geschrieben *In Gegenwart des abwesenden Gottes*. Gott ist ein Fehlbegriff. Hitlers Lieblingswort, kein Zufall.

H-J H Ist für den Jungen die Außenwelt nur eine Art Bühnendekoration? Spielt sich das eigentliche Geschehen immer in seinem Inneren ab?

G-A G Nein, überhaupt nicht, alles in meiner Erzählung zeigt doch das Gegenteil. Er ist doch überhaupt empfänglich für die kleinsten Bewegungen der Außenwelt, er hängt doch ganz von seiner Wahrnehmung der Außenwelt ab. Dieser Junge registriert sofort jede Nuance, das ist doch der Inhalt der Erzählung. Entweder ist das Buch nicht gelesen worden oder die Vorurteile überwiegen in der Lektüre; das Geschriebene entspricht nicht immer den Wünschen des Lesers. Ein Schreiben ohne Außenwelt ist nicht denkbar, und sollte auch das Gegenteil behauptet werden: das Intimste des Selbst eines jeden nimmt nur wahr durch den anderen. Die Selbsterfassung als der, der ich bin, ist reflexiv, d. h. kann es nur geben, indem sie den anderen als ein anderes Selbst wahrnimmt, die Sprache gibt es ja nicht ohne den anderen. Schon an sich ist die Sprache nur denkbar als »Verständlichkeit«, und »Verstehen« setzt voraus, dass andere es auch verstehen, es gibt keine Verständlichkeit ohne jemanden, der versteht.

H-J H Ich bin hier in eine Falle getappt und habe eine Aufspaltung zwischen Innen und Außen, zwischen Selbst- und Fremdwahrnehmung vorgenommen, die immer eine Konstruktion ist. Für einen Augenblick habe ich die zentrale Bedeutung der Außenwelt aus dem Blick verloren, obwohl ich da ganz einig mit Ihnen war. Dennoch bleibe ich beim Primat des sich im Inneren abspielenden Geschehens, ohne damit die Intensität von Kellerlichts Wahrnehmung auch nur antasten zu wollen. Ganz im Gegenteil. Aber falsch ist meine Formulierung, dass die Außenwelt für ihn nur eine Bühnendekoration sei.

Wenn der Junge einen anderen Menschen anschaut, verspürt er augenblicklich den Wunsch, in ihm wie in einer Wohnung spazieren zu gehen und sich ihn bei allen Tätigkeiten vorzustellen. Ist es nicht scheinbar – aber eben nur scheinbar! – paradox: Er geht ganz aus sich heraus, schlüpft in die Haut eines anderen und dringt auf diese Weise nur noch tiefer in seine eigene Welt ein?

G-A G Wunderschön, aber was soll ich dazu sagen, nochmals wiederholt, ich kann mein eigenes Zeug nicht selber analysieren, denn wie schon gesagt, dann wäre ich Literaturkritiker, aber nicht »Autor«. Er schlüpft überhaupt nicht in die »Haut eines anderen«, er will auch nicht in ihm spazieren gehen. Da machen Sie sich die Sache zu Ihrer eigenen, aber das ist fehlgegriffen, er will gar nichts, die Dinge sind so, wie sie sind, ohne dass da etwas vorgeplant oder im Voraus gedacht wäre, es gibt keine Absichten, es ist einfach Erzählung, weiter nichts, warum muss alles immer wieder in die Theorie hinein? Der Andere wird jedenfalls nicht verfolgt, braucht sich seiner Existenz nicht zu schämen, seine Existenz ist keine Sünde. Der Arthur Kellerlicht aber hat Seinsverbot, er gehört vergast, er ist nutzlos, so einen braucht doch keiner. Sehen Sie, Freund Hitler hatte recht!

H-J H Ich glaube nicht, dass Sie dazu nichts sagen können. Ich möchte eigentlich gar nicht als »Intellektueller« auftreten; ich verstehe mich vielmehr als Schriftsteller mit dem Wunsch, Erfahrenes und Geschriebenes auf dem Hintergrund von Theorien (der Ethnologie, Psychoanalyse ...) besser zu verstehen. So wie Sie sich von Fragen absetzen, die zu weit weg sind von der Art Ihres Schreibens, so tue ich es auch ständig im Umgang mit sogenannten Wissenschaftlern.

Ich versuche also nie »theoretisch« zu fragen, sondern immer von meiner Erfahrung und Lese-Erfahrung auszugehen und Theoretisches mit zur Hilfe zu nehmen.

Ich beobachte auch seit Jahren, wie die Psychoanalyse leerläuft, weil sie sich mehr und mehr auf sogenannte wissenschaftliche und technische Fragen reduziert und ihr Horizont medizinisch und terminologisch immer eingeschränkter wird. Die Psychoanalyse ist aber dringend auf erzählte »Fallgeschichten« angewiesen, auf eine terminologisch möglichst freie, nah am Körper erzählte Erfahrung. Ich glaube, deswegen ist Ihre Literatur so wichtig für die Analytiker. Man braucht einen

Autor wie Sie geradezu. Man ist begierig, Ihnen zuzuhören. Wie erleben Sie das, wenn Sie zu den Analytikern sprechen?

G-A G Meine Begegnung mit Analytikern war rein zufällig, ich sollte für eine Analytikerin etwas über Zweisprachigkeit schreiben; bei ihr nahm ich an einer gemeinsamen Übersetzung von Freuds Aufsatz *Die Verneinung* teil. Natürlich funktionierte eine solche Gruppenübersetzung mit acht Personen überhaupt nicht, aber andererseits fand ich das irrsinnig komisch, wie Freud französisch doch völlig anders aussieht, das hat mich sehr interessiert. Und so kam ich zu dem Buch *Quand Freud voit la mer (Als Freud das Meer sah)*, das Brigitte Große dann sehr gut übersetzte, wo der Titel aber nicht richtig ist und nicht richtig sein kann. Lieber hätte ich als Titel *Freud am Strand* genommen, das fiel mir aber erst viel später ein.

Auch beim zweiten Freud-Buch, *Freud wartet auf das Wort*, kommt wieder die Zweideutigkeit des französischen *verbe* nicht durch. Es ging mir darum zu zeigen, wie grundsätzlich anders die beiden Sprachen verlaufen: konkret und materiell die eine, immer fassbar, in der alles durch die körperliche Wahrnehmung kommt, das Deutsche, eine Sprache, die einem immer voraus ist, mit der man machen kann, was man will, die einen aber nie herauslässt und ihm immer zuvorkommt. Die andere dagegen, das Französische, viel weiter ausholend mit wenigen Wörtern, aber jedes mit einem riesigen Umkreis; eine schwierige Sprache, die einem nichts schenkt, einem selten zuvorkommt, aber jedem seine völlige Freiheit lässt. Jeder versteht, wie er es kann, eine Sprache, aus der alle Holprigkeiten systematisch ausgemerzt worden sind, eine Sprache, die ganz auf Konsens beruht, auf Understatement. Bricht dieser Konsens auseinander, ist das Gesicht der Sprache erledigt.

Manche Übersetzerschulen (z. B. in der Folge von Jean Laplanche) meinen, das Analytische sei ins Analytische zu übersetzen, überzeugt, dass Freud sich eine Extrasprache erfunden hätte, an die natürlich das vulgum pecus nicht herankommen kann. Das ergab herrlich unverständliche, hochverschnörkelte Übersetzungen mit besonders ausgeklügeltem Vokabular und vielen Aufsätzen in eleganten NRF-Zeitschriften mit vielen deutschen Wörtern, immer falsch orthographiert und falsch übersetzt. Die verliehen aber Autorität und Ansehen. Und da wundert man sich, dass die Psychoanalyse vor lauter Pedanterie und Verrat am Aussterben ist. Die lieben Kerle haben nicht verstanden, dass Freud deutsch schreibt, ein sehr gutes Deutsch, ein für jeden zugängliches Deutsch, wie die Wörter meistens umgangssprachlich sind, bloß ein wenig raffinierter als sonst, wo allerdings die Bedeutung und der Sinn anders lauten als gewöhnlich.

Das Französische beruht ganz auf Geschichte, auf einem Aufklärungsmythos, der leider zusammengebrochen ist und mit ihm der ganze Europäische Konsens, der jetzt in den Händen der Kommissions- oder Ratsidioten auf sein endgültiges Verschwinden wartet. Diese Kretins werden bald das Ausmaß der menschlichen Schritte bestimmen: 47 cm 09 für die Herren, 32 cm 07 für die Damen.

Was die Analytiker betrifft, ich verstehe mich bestens mit ihnen, umso besser, als ich mich nie einer Analyse unterzogen habe, die brauche ich wirklich nicht. Da die Analytiker doch das Vieh bearbeiten, wie es leibt und lebt, ist bei ihnen, im völligen Gegensatz zum Philosophenpack, immer etwas Menschliches dabei. Heute aber lebt die Psychoanalyse unter dem Zeichen des Sinnverlustes, sie hat ihre Virulenz, ihre Neuigkeit verloren, ich würde beinahe sagen, ihren Enthusiasmus, sie ist wie alles »Europäische«, nur noch ihr Schatten, den sie hinter sich herzieht, jedoch vermag sie immer noch ein die Macht in Frage stellendes Menschenbild zu schaffen, und das ist die Hauptsache; die Psychoanalyse, soweit man darüber liest, ist eine Technik geworden, etwas Autoritäres geworden, sie hat ihre Subversivität verloren, sie sollte doch die Tore zum »eigentlichen« Selbst eines jeden öffnen. Sie ist aber der pseudowissenschaftlichen Bavardage und Großtuerei der Wahrheitsprediger verfallen.

H-J H Ja, ich gebe Ihnen recht. Das war doch mal das Faszinierende, bei den Psychoanalytikern zu spüren, dass sie näher am Menschen dran sind. Das ist verlorengegangen.

Viele meiner besten Freunde und treuen Wegbegleiter waren Psychoanalytiker: Da war ich noch ganz jung, die Freundschaft mit Alfred Lorenzer und Fritz Morgenthaler, auch mit Paul Parin und Georges Devereux. Ich besuchte auch Kurt Eissler in New York. Ich war aber auch oft geradezu entsetzt angesichts ihrer Hilflosigkeit dem Leben gegenüber.

Auch wenn die ersten Begegnungen mit Philosophen, noch als Schüler und als Student, für mich lebensnotwendig waren, fühlte ich mich ihnen doch emotional nicht so nah. Das meinen Sie wohl auch mit Ihrem Wort vom »Philosophenpack«. Das müssen Sie natürlich noch erläutern.

G-A G Die verschiedenen Analytiker, die Sie erwähnen, kenne ich überhaupt nicht, nicht mal ihre Namen, ZUM GLÜCK, nur von Parin habe ich einmal gehört und dachte, er sei ein sowjetischer Politiker, alle anderen sind mir völlig unbekannt und völlig egal. Andererseits habe ich mich für Freud nur sprachlich interessiert, ansonsten bin ich ein gewöhnlicher Leser wie jeder andere.

»Philosophenpack« zielt ganz präzise auf fast alles, was (vor allem in Deutschland) nach Kant geschrieben wurde, mit ihm erscheint und verschwindet zugleich die deutsche Philosophie, nach ihm, wie es Schelling schon einmal Victor Cousin sagte, gibt es nur noch Wortgeplänkel und Wortklauberei und vor allem Größenwahn. Schon 1831 hat Heinrich Heine in *Zur Geschichte der Religion und Philosophie in Deutschland* gezeigt, zu welchen Katastrophen die deutsche Philosophie führen würde, was dann Nietzsche, was die Sprache betrifft, später bestätigte.

Das Ergebnis der philosophischen Arroganz – alleine

die »Philosophen« seien zum »Denken« befähigt –
führte zur bereitwilligen, begeisterten Unterwerfung
unter die Fuchtel der Nazis unter der Führung Heideggers, des großen »Denkers« der Juden- und Behin-
derten-Vernichtung. Seine Ausführungen bilden nämlich die intellektuelle Unterlage und Rechtfertigung
der Kindereuthanasie durch seinen Intimfreund Eugen
Fischer, der ab 1937 z. B. die Sterilisation der »anders-
artigen« Kinder und ihre Beseitigung mit organisierte.
Philosophie und Diktatur sind verwandt, und Diktatur
entsteht immer aus Philosophie; es ist ein Kapitel für
sich, das hier unnötig Platz in Anspruch nehmen würde.

Ansonsten ist die Philosophie der Versuch, zur Sprache zu bringen, was sprachlos ist und wovon man nur
mit der Sprache sagen kann, dass man es nicht kann.
Die Philosophie kann nicht reden, deshalb schreiben
alle Philosophen in ihrer Muttersprache, außer Descartes und Bergson, so miserabel. Da sie sich nicht »anständig« ausdrücken können, lassen sie sich immer von
den großen Kriminellen wie Hitler, Stalin oder Mao
bei der Verwirklichung ihrer Ideale helfen.

Ja, Landgrebe war mein Schwager, und ich störte ihn
beträchtlich. Landgrebe war langweilig wie eine Schlaf-
mütze, und wenn man sich mit ihm unterhielt, fing er
jeden Satz immer mit »nein« an, wie es sich für einen
deutschen »Akademiker« in gehobener Position gehört.

Am 5. Oktober 1950 – wahrscheinlich in der Vor-
freude meiner Abfahrt – schenkte er mir *Sein und Zeit*
in der (heute seltenen) Ausgabe von 1941, wo die Wid-
mung an Edmund Husserl (ein Jude) fehlt. Mit größ-

tem Interesse las ich den Anfang, ich hatte mit der *Kritik der reinen Vernunft* schon alles verstanden und brauchte ab und zu nur Bestätigungen zum selben Problem. Aber der Heidegger, der konnte sich noch so winden und noch so originell tun, er erzählte aber patschig und pathetisch in falschem Deutsch genau dasselbe, denn sein Denken kann ja eben nicht die von Kant gelegten Grenzen überschreiten.

Es war feierlich und nicht mal spannend. Als ich aber in §26 *»Das Mitdasein der anderen und das alltägliche Mitsein«* die Seite 127 erreicht hatte, wusste ich, der konnte nur kackbraun gewesen sein, wie es doch seine ganze Sprache zeigt (siehe G.-A. Goldschmidt: *Heidegger et la langue allemande*, in *Lendemains*, Nr. 121 bis 124 (Gunter Narr Verlag, Tübingen 2006).

Damals hatte ich noch keine Ahnung von seinem enthusiastischen Nazitum, das brauchte man nicht einmal zu wissen, die Sprache genügte schon, um zu wissen, wo er hingehörte. Ich öffnete mich darum Landgrebe, aber schon beim ersten Satz fing er an zu krächzen nach Professorenart, wenn mit einem Famulus geredet wird. Beim nächsten Besuch musste er dann einlenken und beim übernächsten klein beigeben, inzwischen waren wieder ziemlich eindeutige Beweise erschienen; aber je mehr sich die Beweise Heideggers Nazizugehörigkeit häuften, desto mehr erigierten die Philosophen, sie hatten dabei, wie man so schön sagt, »steife Gedanken«, es war für sie ein erotisches Erlebnis, fast philosophisch, so schön wie das leider nicht ganz durchgeführte Auschwitz. Reussierte Philosophie wäre gelungenes Auschwitz als deutsch-griechische Bestimmung.

H-J H Können Sie diese letzten Formulierungen wirklich vertreten? Georges-Arthur Goldschmidt, lassen Sie uns noch einmal zur Erzählung *Ein Wiederkommen* zurückkehren. Arthur Kellerlicht ist vielleicht stärker als andere immer auch Zeuge dessen, der handelt. Er erlebt dies aber nicht als Drama: Er nimmt den anderen – sein Spiegelbild – überall mit. Zum Beispiel, wenn Sie schreiben: »Er hatte ihn sogar auf dem Klo dabei, beim Essen, Schlafengehen und bei allem anderen, aber er lacht sich … ins Fäustchen.«

Er hat zwar das Gefühl, in einem »Korsett« eingeschlossen zu sein, das Korsett aber – ein anderes Wort für seine eigene Welt – hat einen »Reißverschluss«! »Manchmal ist es ihm, als trüge man sich selbst wie eine ans Fenster gehaltene Tafel.«

Welche Vorbilder gab es für Sie in der Beschreibung dieser Erfahrung? Ich habe nie zuvor eine so extrem selbstbezogene Erfahrung als so durchlässig nach außen (mit einem derartigen Reichtum an sinnlicher Erfahrung) beschrieben vorgefunden.

G-A G Was heißt das, ein »Handelnder«, ein sturer deutscher Begriff, dahinter steht Nürnberger Spatenwald, wieder so ein verhitlertes Wort des tödlichen »Guten Willens«.

Was für Vorbilder, das kann ich nicht beantworten. Ich nehme an, darüber wollte ich mal einen Roman schreiben, dass es so »Plakatmenschen« (Sandwichmänner) waren, die sich zur Werbung in Teekannen oder Waschpulverdosen verkleiden. In meinem damals kleinen Gebirgsdorf gab es manchmal solche Sandwichmänner, und die faszinierten mich. Ich wäre auch furchtbar gerne Zahnpastatube geworden, ich wäre durch die Dorfstraßen defiliert, und keiner hätte mich erkannt. Das fand ich irrsinnig komisch und zugleich erschreckend, wie Selbstbilder, die alles über einen wüssten. Ich las dann später den großartigen *Ferdydurke* von Gombrowicz und verstand, warum ich so gerne Stuhl oder Straßenbahn gewesen wäre, ich wäre mich los gewesen, und es hätte nur noch freie Selbstfeststellung gegeben, bei Gombrowicz werden die Kerle wieder verkindert, was wohl noch schöner ist.

Solche Figuren kommen schon in meinen beiden ersten Erzählungen vor, die gerade von den »Presses universitaires de Lyon« neu aufgelegt wurden, *l'Empan* und *Le Fidibus*, beide unter dem Gesamttitel *Un corps dérisoire* (Ein belangloser Leib); wahrscheinlich hat Flaubert dabei auch eine entscheidende Rolle gespielt *(Bouvard und Pécuchet)*. Auch Lautréamont oder gewisse Surrealisten haben eine Rolle gespielt. Aber allen voran Rousseau und die erotische Selbstwahrnehmung, das habe ich aber schon alles in meiner Autobiographie *Über die Flüsse* erzählt.

Auch, trotz allem, bin ich in der Imagination noch immer im Internat, im Hochgebirge, wo es nur katholische Literatur und einige französische Größen wie La Bruyère oder Saint-Simon (man kann sich schon

Schlechteres vorstellen) zu lesen gab. Der Katholizismus (zu dem ich dann auch konvertierte, weil ich die Messe mit den kleinen Messdienern so schön und erregend fand, aber vor allem aus Dankbarkeit für die fünf katholischen Franzosen, unter ihnen meine Erzieherin, die mich geschützt und vor den Deutschen versteckt hatten), der Katholizismus also hat auf mich damals einen sehr großen Einfluss gehabt, gerade weil er, wie sonst keine andere Religion, das Körperliche zum Vorschein treten lässt. Man denke bloß an die Beichte und an das, was da ein Jüngling alles gestehen musste, zu einer Zeit, als die Onanie und noch schlimmer die gegenseitige Onanie als Todsünde galt (vom Rest gar nicht zu reden).

Es war ganz herrlich, sich derart dem absolut Verbotenen auszuliefern und so Gott auf den Arm zu nehmen. Ich lebte da in einer ständigen Selbstexaltation, in permanenter Lebensbegeisterung (nicht zu vergessen, dass ich fast zufällig den deutschen Häschern entkam, die hinaufgefahren waren, meinen großen Bruder und mich zu verhaften als »lebensunwürdiges Leben«). Alles begeisterte mich nach der Befreiung Frankreichs 1944, besonders natürlich die wunderbare, heute von kriminellen Spekulanten verdorbene Landschaft.

Sie schreiben vom inneren Zeugen und zitieren meinen Käse: »Er hatte ihn sogar auf dem Klo dabei, beim Essen, Schlafengehen und bei allem anderen, aber er lacht sich ... ins Fäustchen.« Das bedeutet nichts anderes, als was es bedeutet: Kellerlicht hat sich immer dabei, er kommt keine Sekunde von sich ab. Ich finde das äußerst grotesk, dass man sich nie aus den Augen verliert beim Selbstspektakel, das erlebte ich immer wieder, wenn ich bestraft wurde und mich unter aller Augen »gebärdete«. So was bleibt in einem sitzen als Bühnenausstattung des Selbsttheaters. Heute noch kann ich mich nie aus den Augen lassen, endlich mal ohne mich leben.

H-J H Ihr Blick ist manchmal derartig fixiert auf die deutsche Schuld, dass Sie sogar im »Handelnden« den »Nürnberger Spatenwald« zu vernehmen glauben. Offensichtlich müssen Sie Ihren Gesprächspartner beständig in die Rolle des Schuldigen drängen. Ich lasse das aber nicht mit mir machen, bleibe stattdessen ganz in meiner Sprache, frage weiter, wissend, dass Sie Fragen als Angriffsfläche benutzen.

Können Sie meinen Leseeindruck teilen, dass allen Ihren Büchern ein beschleunigter Rhythmus zu eigen ist, der sich, ähnlich wie in einem rituellen Text, immer fortsetzen könnte? Ich lese das so: Der Textrhythmus folgt dem thematisierten Begehren, das mit jedem Rutenschlag wächst und gerade nicht in Aggression gegen den Peiniger umschlägt.

G-A G Es ist kein beschleunigter Rhythmus, er ist nur Ausdruck des Lebensgefühls und des »Begehrens«, wie Sie sagen. Jede Sekunde meines Lebens ist für mich ein überraschendes Abenteuer, ein unverdientes Geschenk, und da hätte ich mich nicht ein wenig streng behandeln lassen sollen?

Ich war ein perverser Knabe, der tatsächlich Strafe

verdiente und der bei jeder Gelegenheit losheulte, dem man aber nichts anderes zur Selbstfindung gelassen hatte. Ich träumte davon, nach Thônes ins Vorseminar für katholische Priesterkandidaten geschickt zu werden, weil ich wusste, dass da die Strafen besonders häufig und streng ausfielen. Ich war irgendwie verrückt, aber dazu kam auch das Gefühl, ich sollte für mein Überleben strengstens bestraft werden. Es war doch unerhört, dass es so etwas wie mich noch gab!

Oft bestätigte mir das meine Erzieherin, wenn sie mich strafte, aber daraus wieder entnahm ich die unglaubliche Freude am Leben, kerngesund zu sein, wo ich doch beseitigt, abgeschafft, endlich vergast gehörte. Das war wirklich das Paradies im Vergleich zur entsetzlichen Todesangst, in der ich ein Jahr lang unausgesetzt 1943–1944 gelebt hatte, in der alltäglichen, unsäglichen Angst und Erwartung des Abgeholtwerdens. Alles, was einem danach passiert, hat etwas Ferienhaftes. Nichts ist furchtbarer als wirkliche Todesangst, die würde ich nicht mal meinem ärgsten Feind (ich habe aber keine Feinde) wünschen.

Ich war dem Leben und den mich umgebenden Menschen dankbar, ein freundliches Wort war ein Geschenk; ich konnte aber auch in irrsinnige Wutausbrüche geraten (das habe ich in *Über die Flüsse* erzählt), die mir dann die Seele ausbrannten. Die Gnade war nicht immer mit mir, und es kam vor, dass ich Menschen unwahrscheinliche Grobheiten sagte, von denen ich genau wusste, dass sie die wunde Mitte trafen. Ich wusste, ich war ein Böser.

H-J H Es ist nicht an mir, das zu deuten. Aber ich möchte doch sagen, dass ich erschüttert bin, darüber, dass es den Prügelnden gelungen ist, das Böse auf Sie abzuwälzen.

Diese Einseitigkeit, diese einseitige sexuelle Gewaltpraxis, die Sie erlebt haben, prägt meiner Ansicht nach grundlegend die spätere schnell aufflammende Verweigerung des Dialogischen, des verstehenden Austauschs. Jeder intellektuellen oder emotionalen Annäherung und Zärtlichkeit wird der durch die verdorbene Zärtlichkeit Missbrauchte immer mit Misstrauen begegnen.

Ich verkenne nicht, dass Sie sich über die Umwandlung der Schmerzen und der Gewalt in ein eigenes Lustempfinden ein bestimmtes Maß an Macht über den Gewaltausübenden, ein Stück Freiheit, erobert haben. Aber man darf diese Freiheit und Lust nicht idealisieren und darüber den gewaltsamen Eingriff in die eigene Seele vergessen oder zu gering veranschlagen.

Vielleicht wäre es besser gewesen, die Wut zu äußern, die kriminelle Strategie der Strafenden und sich lustvoll Ergötzenden zu durchbrechen, zumindest zu irritieren, statt selbst Schuldgefühle zu empfinden. Es geht doch um massive Eingriffe in Ihr junges Seelenleben. Die erfahrene Missachtung muss man später zurückgeben, sich dafür rächen. Man hat in Ihnen kein Individuum gesehen.

G-A G Ich möchte auch die Gelegenheit haben zu zeigen, dass meine körperliche Unterwerfungslust nur eine Larve für meine stete Widerborstigkeit, für mein Rebellieren ist; dass ich jegliche Form von Obrigkeit oder Autorität verneine, dass ich glücklicherweise zu den Geistern gehöre, die stets verneinen. Das habe ich bei den großen Franzosen des 17. und 18. Jahrhunderts, bei La Rochefoucauld, bei La Bruyère, die unaufhörlich die Verlogenheit, die Heimtücke, die *»Falschheit der menschlichen Tugenden«* entlarvt haben wie das Buch von Jacques Esprit (1678) heißt, einem Freund von La Rochefoucauld. Aus ihnen ist dann das ganze subversiv befreiende Denken des 18. Jahrhunderts entstanden. Besser kann man es kaum haben. Die Franzosen haben im sozial-politischen Bereich den »kritischen Staatsbürger« miterfunden, den es schon in Holland gab und der das Gegenteil des Untertanen sein soll. In Deutschland, wegen des Dreißigjährigen Krieges und der Kleinstaaterei vielleicht, hat es kaum politisch orientierte Oppositionsliteratur gegeben, so dass Unterwürfigkeit zur Selbstverständlichkeit wurde. Das politische Denken war doch bis ins 19. Jahrhundert sozusagen verboten, und die verlogenen schleimigen, den Arsch der Macht leckenden preußischen evangelischen Pastoren taten das Ihrige, um ihre Schäfchen unter dem Joch falsch verstandener Bibel zu halten, ohne die »Deutschen Christen« und ihre begeisterte Teilnahme hätte sich das Regime nicht halten können.

H-J H Was ist von den »Grobheiten« (die die »wunde Mitte trafen«) und den »Wutausbrüchen«, von denen Sie mir schrieben, geblieben?

Ich frage es auch deswegen, weil ich gerade einen kleinen Text von Maurice Blanchot über »Die Freundschaft« gelesen habe. Wie gehen wir mit der Fremdheit um, die uns vom Anderen entgegenkommt? Müssen wir sie nicht vollkommen anerkennen, ohne jeden Wunsch, sie aufzulösen?

G-A G Maurice Blanchot habe ich kaum gelesen, er scheint mir zur noblen Intelligenzija zu gehören, vor der ich mich immer fürchte, weil sie zu jeder ein wenig schicken Mode bereit ist. Modephilosophen in Frankreich sind dafür ein Beispiel. Unbarmherzigkeit, Kälte, Verachtung, Gnadenlosigkeit sind doch oft die Merkmale der »Pariser Intelligenzija«. Blanchots »Freundschaft«, ja, warum nicht, vielleicht ist es sogar ehrlich gemeint, kann man nie wissen.

Was die »Grobheiten« betrifft, es bleibt in mir ein Hang zu unerwarteter Wut, die auf einmal ausbricht, aber immer nur verbaler Natur ist. Ich kann da furchtbare Sachen sagen, weil mein soziales Über-Ich schlecht funktioniert. Ich bin schließlich doch als deutschgebürtig ein wenig primitiv ausgestattet, aber dafür finde ich – wie Jean-Jacques Rousseau und alle anderen Elementargeister – Tränen und Mitleid ganz wunderbar.

H-J H Zum Abschluss dieser Gesprächsfolge eine Frage, die auch am Anfang hätte stehen können: Ihre Erzählung trägt im Deutschen den Titel *Ein Wiederkommen*. Sie legen Wert darauf, dass es keine »Rückkehr« ist. Würden Sie das bitte noch erläutern. Und im Vergleich dazu der französische Titel: *L'esprit de retour.*

G-A G Es sollte nicht *Eine Wiederkehr* heißen und noch weniger *Eine Rückkehr.* Wie sollte ich in den Jahren 1949−1956 so tun, als hätte es die Geschichte nicht gegeben, wie sollte ich in ein Land zurück, das aus mir, einem zehnjährigen Kind, einen zu beseitigenden Feind gemacht hatte. Ich besuchte sehr gerne 1949 für die Ferien die Familie, die dank eines »arischen« Schwagers unbehelligt den Krieg überlebt hatte; ich genierte als unerwünschter Zeuge. Was sollte ich in einem Land, wo nichts passiert war, wo keiner was wusste, wo niemand etwas gesehen hatte, in welchem man aber die Extermination, die Vernichtung der Kinder und Juden vorprogrammiert hatte. Ich bin sehr gerne in Deutschland, heute ein wunderbar demokratisches und freies Land, ein Modell für die Welt, welches mit seiner furchtbaren Vergangenheit nichts mehr zu tun hat.

Mein Land ist aber Frankreich, da hat man mir das Leben gerettet, da bin ich erzogen worden, da habe ich alles gelernt, was Menschsein überhaupt bedeutet. Da aber habe ich auch die Freiheit des Denkens gelernt, dass Pfaffen niemals »Glauben« geschenkt werden darf. Dass es solche gibt, die es sich anmaßen, in »Gottes Namen« zu reden, was an sich schon eine Unverschämtheit, dass »Glauben« überhaupt immer eine Denkschwäche ist, dass man sich keiner Obrigkeit (wie es doch deutsch so dienerisch und untertänig heißt) unterwerfen darf, das hatte ich schon in meinem

Internat gelernt, und zwar durch die Direktorin, die selber auch ein rebellischer Geist war. Sie gehörte zum Widerstand, war eine Gaullistin und betrachtete ganz zu Recht Pétain als einen Verräter, der sein Land den »Boches« ausgeliefert hatte; ein Grund mehr, sie zu schätzen.

Schon als dreizehnjähriger Knabe wusste ich, dass der Rebell de Gaulle in London das eigentliche Frankreich darstellte, die Résistance. Sehr oft musste ich zur Strafe unzählige Linien, manchmal gar 500 schreiben. Schon bald hatte sie sich zur »Strafverschärfung« ausgedacht, ich sollte literarische Texte, und zwar von großen Rebellen wie La Bruyère oder La Rochefoucauld abschreiben, und dabei lernte ich, dass die »Großen« keinen Respekt verdienten. Andererseits war es die Okkupation, und die Direktorin hatte noch keine Zeit, sich so ausführlich wie nachher mit meinem Allerwertesten zu beschäftigen.

L'esprit de retour (*Ein Wiederkommen*) ist etwa Einstellung zur Rückkehr, nach Frankreich natürlich, das ist mein Land, das Land, malgré tout, der Aufmüpfigkeit.

Aber Frankreich ist auch das Land, das mir meine Frau geschenkt hat, einen französischeren als diesen wunderbaren Menschen gibt es nicht, sie spricht ein wundervolles Französisch, war Latinistin, ist scharfgeistig, lässt sich auf keinen vorgeschriebenen Glauben ein. Sie ist die Verkörperung der »laïcité«, dieser Denkfreiheit, die aus Religiösem eine rein intime Sache macht, die keinen was angeht. Sie ist nicht praktizierende Calvinistin, d. h., sie ist in diesem über alles wertvollen

Geist der Aufmüpfigkeit, des Ungehorsams und der Zivilität erzogen worden.

Übrigens in dieser Zeit des wieder einmal triumphierenden Obskurantismus braucht man Länder wie Frankreich umso mehr, als in Frankreich vollkommene Trennung zwischen Kirche und Staat herrscht, jedenfalls einstweilen noch, keiner darf den anderen nach seinem »Glauben« fragen, das ist reinste Privatsache, leider aber breiten sich heute wieder die religiösen Repressionen und Unterdrückungen aus, der Islam allen voran. Europa wird wieder ganz von schleimigen, heimtückischen, verlogenen Pfaffen aller Konfessionen kontrolliert, von frömmelnden Politikern wie z.B. in Deutschland, wo man nicht mehr pinkeln darf, ohne an Gott zu denken, ein Land, wo wir doch von 1933 bis 1945 religiöse Wunder erlebten, wo wir jeder doch fromm war und die Kirchen blühten (die evangelischen vor allem im Hitlerkomfort), ein Land, wo sogar auf Steuererklärungen die Rede von Religion ist, ein Land, wo die sogenannten »Geistlichen« vom Staat gefüttert werden, bis ihnen der Wanst platzt, wo dagegen sie in Frankreich jedenfalls die Ehrlichkeit haben, als arme Schlucker herumzulaufen, die nur was (wenig) von ihren pingeligen Kirchen kriegen.

2. Erinnern und Schreiben

Vorbemerkung

Zu Beginn dieses Gesprächs gehe ich noch davon aus, dass Georges-Arthur Goldschmidt der Erinnerung einen großen Wert beimisst und in ihr den Weg zur Auflösung des traumatischen Geschehens sieht. Auch dachte ich immer noch, ich könne mit dem Autor ein »distanziertes« Gespräch über seine Erzählungen führen. »Schreiben fängt da an, wo man es nicht anders sagen kann ... Über mein Geschreibsel kann ich nichts sagen.« So mussten wir andere Wege suchen, Wege, die auf verschlungene Weise dann doch zu Selbstbeschreibungen führten.

HANS-JÜRGEN HEINRICHS
Herr Goldschmidt, die Erinnerung spielt eine zentrale
Rolle in Ihrem Leben und Werk. Obgleich in die Vergangenheit gerichtet, ermöglicht die Erinnerung ein
auf die Zukunft bezogenes Leben. Die niedergeschrie-
bene Erinnerung: Wie viel Kraft wohnt ihr inne, um
dem Vergangenen etwas von seiner traumatischen
Übermacht zu nehmen?

GEORGES-ARTHUR GOLDSCHMIDT
Das ist eine Frage, auf die das Geschriebene selber ant-
wortet. Erinnerung spielt für jeden Menschen eine
Rolle, von der er nur selbst erzählen kann. Davon wissen die anderen nichts. Darüber ist so viel Tinte geflos-
sen, dass man nur neue dazugießen kann, also Banalitäten verzapfen; Erinnerung kann ohne Zukunft gar
nicht erzählt werden, sie wird doch in eine Zeit hin-
eingeholt, wo sie nicht mehr ist. Jede »Erinnerung«
wird in eine unpassende Zeit verschoben, sie wird
»verjetzt« in ihre eigene Zukunft, die mit ihr vielleicht
nicht übereinstimmt. Könnte man in die Zeit zurück,
wo (erstaunlich, dass man »wo«, ein Raumwort, für
Zeit gebraucht) Erinnerung Gegenwart war, würde

95

man staunen, wie wenig die Erinnerung mit dem, was war, zu tun hat. Ich will da aber nicht weiter proustieren.

Für mich fing die »Erinnerung« mit einer Art »Objektivierung« an (wieder so ein pedantisches Wort, das aber leider praktisch ist): Ich musste meine Erinnerungen methodisch einfrieren, um nicht allzu unglücklich zu sein. Ich habe alle meine Erinnerungen an mein Zuhause so organisiert, dass immer nur Nebensächliches in mir heraufkam, damit das Heimweh nicht zu furchtbar sei. Es galt für mich, das Heimweh nicht heranzulassen. In mir ist der Tag der Abfahrt aus der »Heimat«, aus der ich als zehnjähriger Junge als unwertes Lebensmaterial verstoßen wurde (normalerweise gehörte »das« vergast), ständig gegenwärtig. Die Erinnerung ist ein Bruch, auf einmal wurde mir die deutsche Sprache verboten, und alles Deutsche habe ich die ganze Zeit über, ungefähr bis 1949, versucht, von mir zu entfernen, damit es nicht zu weh tue. Kinder sterben sehr leicht vor Heimweh, ich wollte aber unbedingt leben, sei es nur, um die Deutschen zu ärgern, es war eine Herausforderung: Ihr SS-Säue kriegt mich nicht, dank der Franzosen.

So habe ich zwei Erinnerungsschichten, eine dunkle (die deutsche), eine helle (die französische), aber in dieser sind auch leere Stellen, z.B. gibt es überhaupt keine einzige Erinnerung an die zwei Kriegsjahre 1941 und 1942, die wurden einfach aus dem Gedächtnis eliminiert. Wie Bergson gezeigt hat, ist das Vergessen die richtige Arbeit des Gehirns: Ein totales Gedächtnis wäre die Hölle. Sie kennen vielleicht diese wunderbare chassidische Legende: Vor der Geburt weiß das Kind weltalles, es kennt das Universum, im Augenblick der Geburt legt ihm ein Engel den Finger auf den Mund, und es hat alles vergessen.

Vor allem erinnere ich mich an die blau mit weißen Pünktchen emaillierten Blechteller des Internats, an die Holzfasern an der Wand des Karzers, wo ich so oft eingesperrt wurde, an die Stelle, die wie ein Pferdekopf aussah, an die roten Kacheln des Klos, die ich immer anblickte, wenn ich da, nach der Strafe, heulte usw., an die verschiedenen Gerten, die ich für mich schneiden musste usw. Und doch sind das helle Erinnerungen, weil sie mit Leben und Freude am Leben zusammenhingen, aber alles Deutsche aus der Zeit ist dunkel, dunkel, dunkel. Deutsch als Raster von da an, für alles Deutsche, die beiden schwarzen Löcher der auf mich gerichteten Maschinenpistolen der Deutschen, die gekommen waren, meinen Bruder und mich abzuholen.

War Kindermord nicht das Nationalsozialistische an sich, mit dem sich doch die Deutschen damals identifizierten und von dem doch jeder schon 1938 wusste? In Wernigerode, Januar 38 hatte ich schon von »Urnen« gehört, die den Familien nachher zugeschickt wurden, das Ergebnis davon: Grafeneck, Hadamar und solche Orte. Von den Juden- und Zigeunerkindern gar nicht zu reden? Was kann ich dafür, dass es damals doch so urdeutsch schien? Aber immerhin: Vom Verbrechen ist nun Deutschland für immer befreit, aber zu welchem Preis? Diese Frage habe ich versucht, in einem kurzen Buch *Des Pudels Kern* (Matthes & Seitz, 2008) zu beantworten. Daher vielleicht auch, um wieder einmal auf mich zurückzukommen (!!) und auf eine weiter oben gestellte Frage: Der deutschen Sprache verdanke ich nichts, ihr gegenüber bin ich vollkommen frei. Es ist nicht absolut selbstverständlich, dass ich überhaupt deutsch schreibe.

H-J H Zu Beginn Ihrer Replik sagten Sie, »das Geschriebene selber« antworte auf meine Frage. Ja, und dennoch gibt es doch den Wunsch – und ich empfinde ihn als die Grundlage unserer Gespräche –, »das Geschriebene« zu umkreisen und dabei in Schichten vorzudringen, die mir (und vielleicht auch Ihnen) so noch nicht zugänglich waren.

Es gibt sicher immer auch einen elementaren Widerstand gegen die Erinnerung. Und darüber hinaus, Sie sagen es mit Hinweis auf Henri Bergson: Das totale Gedächtnis wäre die Hölle. Dann aber »öffnen« Sie Ihr Gedächtnisreservoir und erzählen von so wichtigen Empfindungen. Wenn ich das richtig sehe, möchten Sie nur immer deutlich machen, dass der empfindende Zugang zur Wirklichkeit für Sie (und natürlich nicht nur für Sie) elementar, vor jeder Theorie, ist. Dieses Primat will ich mit einem etwas allgemeineren Einstieg auch nie in Frage stellen.

»Ich habe keine Identität. Ich bin, wie Sie, jemand, der ich bin. Ich weiß nicht, was ich bin. Das ist mir auch völlig egal, ich existiere, weiter nichts.« Ist dieser

Satz, den Sie mir gegenüber einmal äußerten, nicht die Voraussetzung für ein literarisches Schreiben? Dass man das Konstrukt der Identität auflöste, zumindest von Grund auf in Frage stellt?

G-A G Jenen Satz habe ich so formuliert, nur dass ich ganz bestimmt nicht »Ich weiß nicht, wer ich bin« gesagt habe. Wer ich bin, weiß ich genauestens, der Idiot, der immer mit mir dabei ist, mich überallhin begleitet, sogar bis aufs Klo, mich nie aus den Augen lässt, der, soweit ich sie erinnere, auch in meinen Träumen mit dabei ist, dieser dämliche Zeuge, der sich ins Fäustchen lacht, wenn ich feierlich irgendwelche Dummheit von mir gebe. Am liebsten bin ich mir beim Essen dabei (absichtlich so formuliert), da finden wir uns wieder zusammen unter derselben Mütze. Es gibt doch nichts Alberneres als jenes So-tun-als-sei-man-das-selber. Diese ständige Selbstbegleitung, sogar aufm Klo bin ich mit dabei, ist doch ein Witz, wie kann man sich überhaupt selber ernst nehmen. Dass man sich immer selbst dabei hat, ist doch ungeheuer komisch, oder?

Spaß beiseite, nichts ist skandalöser als die Bezeichnung: Er ist ein Deutscher, ein Jude oder er ist Haarschneider. Wer wer ist, weiß kein Mensch, was er ist oder sein soll, ist das, was die anderen über ihn bestimmen. Dieses So-sein ist immer nur ein Für-sein, innerhalb der Gesellschaft. Identität ist ein Polizeibegriff, Identität ist man immer nach Außen, sie wird einem aufgedrängt. Ich habe keine Identität, ich bin, wie jeder andere Mensch auch, der ich bin, das Sonstige ist angelernt und hätte, wäre ich anderswo geboren, ganz anders sein können. Der Zufall der Geburt ist das, was man als »Identität« ausgibt, und da man ja eben nur zufällig ein Franzose, ein Ägypter oder ein Isländer ist, jeder hätte genauso gut wo anders geboren worden sein können, ist eine solche Identität nie, was einer in sich selber ist, was er ist, davon weiß alleine das Unbewusste, also die Verdrängung.

Ich habe wahrscheinlich gesagt, »ich weiß nicht, *was* ich bin«. Damit wollte ich sagen, dass keiner ist, was die Gesellschaft von ihm erwartet. Nordkorea ist doch heute das Modell der eigentlichen erwarteten sozialen Totalität, des Was-Seins. Die großen mörderischen Tyranneien des 20. Jahrhunderts waren nur die Vorboten einer solch idealen Totalgesellschaft, wie sie die Kriminellen der Nord-Regierung seit über siebzig Jahren realisieren: Hitlers und Stalins Traum und wie er weiter von den Fundamentalismen verwirklich wird.

H-J H Wir führen dieses Gespräch in einem Augenblick, da Nordkorea eine Rakete (die mit einem atomaren Sprengkopf ausgerüstet werden kann) zündete, und das Assad-Regime in Syrien mit jedem Tag den Zerstörungswahn gegen das eigene Volk noch radikalisiert.

Ich möchte wieder zu Ihrem Schreiben zurückkehren und wie Sie Erniedrigung und Bedrohung in Ihrem Leben erfahren haben. *Die Absonderung*, *Der bestrafte Narziß* und *Als Freud das Meer sah*: Für mich waren das, in der Annäherung an Ihr Schreiben, drei herausragende Etappen in Ihrem Werk. Ihr Freund, der Dichter Paul Nizon, charakterisiert Sie so: »Das Merkwürdige bei Goldschmidt ist für mich die gewaltsame, gewalthafte Empfindung der Erniedrigung und Bedrohung, aus der dann gleich eine Selbstschöpfung ausschlüpft, und zwar ist das bei ihm derartig hautnah (die beiden Vorgänge), so wie ich es eigentlich nirgends kenne.« Sehen Sie sich zureichend charakterisiert?

G-A G Nordkorea ist doch das Regierungsideal an sich, davon träumen doch alle sogenannten »Staatsoberhäupter« in den Tiefen ihres Unbewussten. Übrigens das Wort »bestücken« ist doch eine dieser entsetzlichen Worterfindungen, die in der deutschen Sprache so leicht möglich sind, und was man damit leisten kann, weiß man inzwischen. Nizon, ein Freund, und einer der großen Meister der deutschen Sprache, wie es eben die Schweizer und Österreicher sind, erfasst, wie nur wenige, die Menschen, wie sie als sie selbst erkennbar sind, in ihrer »Alltäglichkeit« – das hat er Ihnen in einem früheren Gespräch auch einmal so gesagt. Er hat das ganz genau, wie von Innen formuliert. Schreiben fängt da an, wo man es nicht anders sagen kann und wie man es dann sagt, doch nicht »richtig« ist.

Über mein eigenes Geschreibsel kann ich nichts sagen, dazu sind Sie da, und das machen Sie ganz großartig. Diese Bücher, die Sie eben anführten, wollte ich vor allem loswerden, auch wollte ich zeigen, dass ich nicht ganz zu Unrecht ein schlechtes Gewissen habe.

Sehen Sie sich zureichend charakterisiert? Fragen Sie, was bedeutet »zureichend«, also ob man mir gerecht zu sein hat, ob man mir verpflichtet wäre. Das wäre doch das Schönste, erstens bin ich viel zu hochmütig, um etwas zu erwarten, und zweitens sollen sich doch die Leute so ausdrücken, wie es ihnen passt. Andererseits geht es doch nicht um Quantität. Was meine eventuelle Charakterisierung betrifft, ich kann sie selber nicht bestimmen, man weiß immer von anderen, aber nie von sich selbst. Anderseits ist »Charakterisierung« wieder so ein Polizeiwort mit »individueller Charakterisierungskarthotek«, genau was die »Therapeuten« doch brauchen als die besten Polizeiassistenten überhaupt.

Was ich erzähle, ist derart miserabel, dass meine Vergasung sich total gerechtfertigt hätte. Dennoch sind dabei so ganz Schlimme auch Zeugen des Menschseins. Wer beim Lesen meint, so einer gehört abgeschafft, ist, ohne sich dessen vielleicht richtig bewusst zu werden, ein Mittäter. Vielleicht wollte ich mit meinen Erzählungen nur wissen, auf wen ich moralisch rechnen kann, wer mich nicht unbedingt umbringen will, vielleicht wollte ich damit zeigen, dass auch (es gibt welche, die das so sehen) so verkommene Wesen wie mein Arthur Kellerlicht vollauf trotzdem zur Menschheit gehören, *à Hitler ne déplaise*. Die »Selbstschöpfung« entsteht aus Erniedrigung und Bedrohung, weil sie als absolute Gegensätze das Selbstsein in seiner ganzen unbeweisbaren »Identität« erscheinen lassen. Es ist das *mundo alla riversata*. Was verboten ist, macht uns gerade scharf.

H-J H Ich vermag mir gar nicht vorzustellen, dass man sich radikaler selbst in Frage stellen kann, als Sie es eben taten. Und dass Sie von dieser Position aus die Frage *Ist dies ein Mensch?* (Primo Levi) in den Raum stellen. Sagen Sie mir, wie hält man solche Gedanken aus, dass man von sich sagt, was man schreibe, sei »derart miserabel, dass meine Vergasung sich total gerechtfertigt hätte«. Und: wie »Selbstschöpfung« aus Erniedrigung entsteht?

G-A G Ich stelle mich überhaupt nicht in Frage, was heißt das übrigens? Ich bin leider immer noch da, Ihre lieben »Volksgenossen« haben mich einst »in Frage gestellt«, ich aber nicht, ich existiere, habe warme Füße und einen vollen Magen, das reicht mir vollkommen, dass ich damit auch noch paradiere, ist so ziemlich unverschämt, ich stelle mich nicht in Frage, ich stelle mich fest.

Ich fürchte (oder eben wünsche), nicht richtig verstanden zu werden, das wollte ich auch, so dachte ich es mir; dass man sich beim Lesen irgendwie kompromittiert fühlt und zeigt, dass man auf der anderen Seite steht, auf der Seite derjenigen, die nichts zu befürchten haben und die die »Sache« (wäre sie gelungen, wäre doch die Welt so schön) ... Diese »Gedanken« hält man umso leichter und gemütlicher aus, als sie doch nur Herausforderung, Provokation sind: Ihr hättet mich so gerne damals beseitigt, wie es mal zwischen 1933 und 1945 erlaubt war, also bitte schön.

Mein Unglück ist, obzwar ich kein Jude bin (nur

Hitler hat mich zu einem gemacht, und nun bin ich einer), dass ich nicht morden darf. Nehmen Sie es mir nicht übel, wenn ich so etwas überhaupt unter die Feder nehme, aber die Deutschen als solche bleiben sprachlich und daher im Grunde ihres Wesens vielleicht doch irgendwie dem Heidentum verfangen. Luther als Erster bleibt, wie er es auch dreht, irgendwie dem Heidentum verfangen, er bekämpft es derart pathetisch und zerstörerisch und gerade als Bilderstürmer, dass man meinen könnte, er hätte Angst, dahinein zurückzufallen, die Katholiken haben sich in dieser Beziehung eben nicht geirrt, die wissen eben genau, wo Götzentum aufhört. Das Materielle, Räumliche, Unintuitive, Sachliche des Aufbaus der deutschen Sprache öffnet einen breiten Weg zum Heidentum. Ein Beispiel: Opfer bedeutet beides zugleich, im Französischen, Italienischen und Englischen gibt es ein Wort für das Geopferte und ein anderes für die »Opferung« (victime, victim, vittima, sacrifice, sacrificio). Mit solchen Differenzierungen fängt Zivilisation eben an (ich schrieb ja eben nicht »KKKKultur«). Dazu noch Hochmut und orgueil, sind auch nicht dasselbe. Nicht jeder ist für Ironie empfänglich, que voulez vous! Nicht von ungefähr hat man im Deutschen das geflügelte Wort »der tierische Ernst« erfunden. Je ausgeprägter, je raffinierter die Kultur, desto besser stillt sie alle Bedürfnisse und Begierden, desto mehr aber schließt sie die »Kultivierten« in ein sorgfältig ausgearbeitetes Gefängnis ein. Die »Kultur« ist ein unsichtbarer, undurchlässiger Käfig, der keinen herauslässt, daher das Wort des Französischen Politikers Édouard Herriot: »la culture c'est ce qui reste quand on a tout oublié« (die Bildung ist das, was bleibt, wenn man alles vergessen hat).

H-J H Wir bewegen uns in dieser Gesprächsfolge immer auf dem schmalen Grat zwischen einer Vergegenwärtigung der nationalsozialistischen Barbarei (und wie Sie sie erlebt haben) und der Frage nach der Form, die die Erinnerung im autobiographischen Schreiben findet. Der hellsichtigste Autobiograph, meint Alain Robbe-Grillet in seinem dreibändigen autobiographischen Zyklus, wisse nicht, was er tue, unaufhörlich sei er »von Staunen und Verblendung durchdrungen«, folge in seiner »Autofiktion« den verschiedenen Anteilen und Rollen seines Ichs (als Robbe-Grillet, als Henri de Corinthe, als Comte Henri …). Ist für Sie diese Idee der Autofiktion von Bedeutung, oder fühlen Sie sich einem Literatentypus wie Robbe-Grillet so fremd, dass Sie von seiner autobiographischen Wahrheit nichts wissen möchten?

G-A G Eine, diesmal selbstproklamierte Autorität. Robbe-Grillet bewunderte sich dermaßen, dass er auf der Straße stehen blieb, um sich vorbeigehen zu sehen. Der kann mir auch den Puckel runterrutschen, aber *de mortuis nil nisi bene*. Ein Snob, wie die französische Pariser »Intelligenzija« sie liebt, eine falsche, zum Glück vergessene »Größe«, aber ein bedeutender Schriftsteller dennoch, der eine große Rolle gespielt hat, *l'un n'empêche pas l'autre.* (Das eine hindert nicht das andere.)

Über Autofiktion ist schon so viel geredet worden, 2011 hatten wir in der Normandie sogar ein Treffen mit Dombrowski, dem Erfinder des Begriffs »Autofiktion«. Alle haben schon alles gesagt, dass »Autobiographie« immer Autofiktion ist, sollte sie auch alles genau wiedergeben, aber zum Glück kann sie das gar nicht, deshalb ist sie ja Autobiographie, sonst wäre sie »gelebtes« Leben. Allein das Schreiben hat nichts mehr mit der Wirklichkeit zu tun: Erzählen ist Träumen.

H-J H Mich hat eine Erinnerung, die Jean Genet erzählt, sehr berührt: Der Lehrer findet, dass der kleine Jean den schönsten Aufsatz über das Elternhaus geschrieben habe. Da machten sich alle lustig über ihn und sagten: »Aber das ist nicht sein Elternhaus! Er ist ein Findling.« Und da, erinnert sich Genet, »entstand eine solche Leere, eine solche Erniedrigung.« Die Erniedrigung und die Abtötung der sich gerade erst herausbildenden Individualität schieben sich vor jedes Wort, das er fortan sagen wird. Er wird immer das Gefühl haben zu lügen. Es ist nicht schwer zu erkennen, wie vertraut Ihnen dieses Gefühl ist.

G-A G Natürlich, was erzähle ich denn anderes als von der unheilbaren Wunde des Verbotenseins, des Verlustes der Eltern als Zehnjähriger. Diese »Abtötung«, die alle anderen auslöste, verdanke ich Deutschland. Alle im Internat erlittenen Demütigungen, damit könnte ich ganze Bücher füllen, waren schlimm, aber ich wusste mit größter Bestimmtheit, dass mir eigentlich keiner wirklich Böses wünschte, dass keiner der Mitschüler, die mich von 1941 bis 1943 (als ich dann bei einem Bauern versteckt wurde) aufs Blut piesackten, mich abschaffen wollte.

Vom Schatten schon eines jeden Deutschen wusste ich, dass er meinen Tod bedeutete. Sehr oft, wenn meine Mitschüler mich verfolgt und gequält hatten, tat es dem einen oder anderen leid, und sie wurden lieb mit mir.

Jean Genet hat allerdings ziemlich spät, Ende der fünfziger Jahre des letzten Jahrhunderts, eine große Rolle in meiner biographischen Entwicklung gespielt, bevor ich mein Lebensbuch, den *Anton Reiser* von Karl Philipp Moritz entdeckte. Genet sprach wie wenige vor ihm von der Verzweiflung und vom Elend. Nur wusste ich damals noch nicht, dass er sich rasch vernazifizierte, seitdem öffne ich kaum noch ein Buch von ihm, aber zu seinen Gunsten möchte ich vermuten, dass er nicht wusste, worum es ging. Aber Genets homosexuelle Erfahrungen waren Gefangenenerlebnisse in Strafanstalten, sie waren wie im Internat unvermeidlich, ihm wie mir haben sie die Schönheit des Lebens damals bewahrt, mir haben im Internat die homoerotischen Erlebnisse Schutz vor dem Heimweh und Gleichgewicht gebracht.

H-J H Erzählen Sie bitte, wie Sie den *Anton Reiser* entdeckten und woran sich das Feuer entzündete.

G-A G An der Sorbonne, bevor er ins Collège de France übersiedelte, las einer der ganz großen französischen Germanisten, wie Pierre Bertaux einer war, er hieß Robert Minder, war Elsässer, Freund von Albert Schweitzer und an der Sorbonne einer der wenigen Professoren, die Deutsch von Innen konnten. Er hat mir noch 1950−51 manche Arbeiten korrigiert. Leider erst viel später, so Mitte der sechziger Jahre, las ich sein Buch in der Reihe »Suhrkamp Wissenschaft«, es hieß *Glaube, Skepsis und Rationalismus*. Es fängt mit der Erzählung an, wie er 1930 auf einem Bücherkarren den *Anton Reiser* von Karl Philipp Moritz entdeckt und ihn für zwei Mark kauft, ein Buch, »das«, wie er schreibt, »scharfbelichtete Bilder aus dem Winkeldasein von Schustern, Gerbern, Hutmachern, Essigbrauern um 1750/80 hinstellt, ebenso unerbittlich aber die Sonde an sich selber legt und die fiktiven Kompensationen eines geknechteten Ichs durchleuchtet …«

Kein Buch seit den *Bekenntnissen* von Rousseau hatte mich derart ergriffen wie dieses, von dem Arno Schmidt sagte, es sei »ein Buch, wie es kein anderes Volk der Erde besitzt«. Kein anderes hat mich so tief ergriffen, und seitdem habe ich kein anderes gefunden, das so weit in mich hineingreift wie dieses.

Dieser unglückliche, stets mokierte, gepiesackte und dabei hochmütige und selbstbewusste Knabe, der stets zwischen Größenwahn, Erlösungsphantasien, metaphysischen Begeisterungen und Demütigungen, Selbstzerfleischung und verlogener Untertänigkeit pendelt, das war ich. Es gibt keine einzige Stelle in diesem

Buch, die ich nicht genau so erlebt hätte, nur dass bei mir das Hungern lediglich zwei Jahre dauerte und ich doch mehr zu essen bekam – trotz des Krieges – als Anton.

Alles und vor allem die Fähigkeit zu bewundern, zu weinen war genau dieselbe wie bei mir zwischen sechzehn und neunzehn Jahren. Beim Lesen war es mir oft so, als sei ich der wiederauferstandene Anton. Das Einzige, was mich von ihm trennte: Keinen Augenblick meines Lebens habe ich je an Selbstmord gedacht, ein Luxus, den ich mir nicht erlauben kann. Ich habe das Glück gehabt, über ihn einen Aufsatz in »Text und Kritik«, Nr. 118, schreiben zu können, und überall, wo es möglich ist, zitiere ich ihn. Aber die schönste Hommage, die ihm je gewidmet wurde, heißt einfach *Karl Philipp Moritz*, *Anton Reiser*, sie ist von Peter Laemmle, abgedruckt in der »Zeit-Bibliothek der 100 Bücher«.

H-J H Noch einmal die Frage: Wo hat das Schreiben für Sie begonnen?

Michel Leiris hat einmal anhand einer Kindheitserfahrung dargelegt, wie er zum Schreiben gekommen ist. Beim Spielen fällt ihm ein Zinnsoldat fast zu Boden, und er ruft aus: »Reusement!« Da sagt die Mutter zu ihm: »Michel, das heißt nicht reusement, sondern heureusement.« In diesem Augenblick bemerkt er, dass es schon eine Sprache als eine gesetzte, gesetzmäßige Sprache gibt. Hier müsse er den Wunsch gespürt haben, Schriftsteller zu werden, einer, der die Sprache

erfindet. Er habe als Schriftsteller an der Illusion festhalten können, dass er die Sprache erfindet. Er weiß, es
gibt sie schon, und will dennoch alles daransetzen, gegen dieses Bollwerk der vorhandenen Sprache anzugehen. Er wird sie in der vorhandenen Grammatik, mit
den vorhandenen Gesetzmäßigkeiten benutzen und
dennoch einen ganz schmalen Grat begehen, vielleicht
über dem, was wir einmal mit Leerstelle und Mangel
benannt haben, um einen Punkt in sich ausfindig zu
machen, wo die Gesetzmäßigkeiten nicht greifen, wo
das *reusement* das viel Richtigere ist als das *heureusement*.
   Wo hat das Schreiben für Sie begonnen?

G-A G Vielleicht habe ich Ähnliches erlebt, aber ich
habe wegen des Sprachwechsels solche Erinnerungen
wahrscheinlich verdrängt, woran ich mich dagegen
erinnere, ist ein Tag im November 1939, als ein Mitschüler plötzlich sagte: »les premiers flocons«, da es zu
schneien anfing, verstand ich sofort die Ähnlichkeit zu
»Flocken« und merkte auf einmal, dass ich schon seit
Monaten (wir waren im März aus Italien gekommen)
Französisch verstand, ohne zu verstehen, dass ich verstand, das habe ich Ihnen schon einmal erzählt. Kinder
können oft ihr Verstehen nicht definieren, und Sprache in diesem Sinn versteht man nicht, man ist in ihr,
ohne sich Fragen zu stellen, es hat mehr mit einer so-
fortigen Übereinstimmung zu tun als mit irgendeinem
intellektuellen Akt. Eine Sprache sucht man sich im
Lexikon zusammen, wenn man sie schon kann.
   Den Namen Michel Leiris kenne ich, aber ich wei-

gere mich, irgendeine »Empfindung«, die ich haben könnte oder gehabt habe, von irgendeiner »Autorität« abhängig zu machen. Jedes »Modell« verwerfe ich sofort, sobald es als Modell fungiert, und sollte es das allerbeste sein, lehne ich es prinzipiell ab. Warum glauben Sie, dass ich so viel gezüchtigt wurde, wenn nicht, um aus mir einen Rebellen zu machen, das verdanke ich der Erziehung durch diese Internatsleiterin, nie nachgeben, nie »glauben«, immer nur »räsonieren«, wie es Friedrich Wilhelm der Dicke, der Vater des similiaufgeklärten Friedrich, zu sagen pflegte, nie irgendeinem »Modell« folgen, das man sich nicht selber ausgewählt hätte.

Nie in meinem Leben habe ich ein Buch gelesen, das man mir empfohlen hat, oder es sei von meinem besten Freund oder es sei etwas Verbotenes, Erotisches. Ich lese, wie aus Zufall, nur, was mich irgendwie anspricht, Bahnhofsliteratur, schlecht geschriebene Bücher können mir genauso wichtig sein wie sogenannte Meisterwerke. Ich bin ein »mauvais esprit«, einer, der immer die schwachen Punkte einer Theorie oder eines »Glaubens« herauszufinden sucht, einer, den es gelohnt hätte abzuschaffen, ein Schädling, ein Zuvieler, der nichts gelten lässt außer der Schönheit eines Menschengesichts, einer für den, wie schon von jemandem gesagt wurde, es war, glaube ich, Giacometti, nicht mal das schönste Kunstwerk der Welt einen Tag weniger am Leben eines Menschen lohnt.

Kunstwerken Vorzug gegenüber Menschen zu geben ist an sich schon kriminell.

Jean Genet ist auch einer der sehr seltenen Schriftsteller, der nicht aus privilegierten Kreisen kommt – die meisten französischen Schriftsteller kommen aus alten betuchten Familien, die sich nie um Geld große Sorgen zu machen hatten. Genet hat fast als Erster Homosexualität poetisiert, er hat darüber einen wunderbaren Film gedreht, »Un chant d'amour«. ...

H–J H ... lange nach August von Platen hat er Homosexualität poetisiert.

G–A G ... und darüber erregende und ins Tiefste des menschlichen Wesens dringende Bücher geschrieben, leider wurde sein Schicksal zu einer »Promotion« in den Händen der Pariser Schickeria und verfiel natürlich wie fast alle damaligen Snobs jenes Milieus dem Charme der Nazis. Er wurde zur Maskotte der ehemaligen Kollaborateure, und so konnte er in den Wonnen des Antisemitismus schwelgen, wodurch ihm alle möglichen Gelegenheiten zur Verfügung gestellt wurden, junge Palästinenser zu verführen, daher seine begeisterte Parteinahme für Arafat.

Ja, der arme Platen, das ist eine traurige Geschichte mit Heine, der Platen wirft ihm sein Judentum vor und der andere seine Schwulität. Normalerweise verläuft das umgekehrt, wie bei Genet, die Schwulen waren sehr oft engagierte Antisemiten, damit man ihre Schwulität vergesse, während sie den Juden von nebenan denunzieren, übersieht man sie. Fast alle Schwulen dachten sich und denken es sich heute noch: Wenn sie sich antisemitisch stellen, verzeiht man ihnen die Päderastie (obgleich Homosexualität etwas anders als Päderastie ist).

Antisemitismus ist immer sexuell bedingt, immer Ergebnis einer immensen Verdrängung. Jeder Antisemit hat oft unbewusste sexuelle Probleme. Der NS war doch vollkommen davon determiniert, es gibt darüber viele Arbeiten, z. B. von Jürgen Theweleit, Nikolaus Sombart und manchen anderen, oder man lese bloß *Die Wohlgesinnten*. Der Viktorianismus, im Gegensatz zu England, griff auf das ganze Volk über, die sexuelle Unterdrückung war so stark, dass es dann auf einmal zur Explosion kam, und zwar durch »die Wandervögel«, und als die dann in Verdun abgeschlachtet waren, gab es noch deren Karikatur, die dann in die HJ überging. Der Hitlerantisemitimus, indem er sexueller Natur war, musste unbedingt den Zeugen, den Juden beseitigen. Wenn man sich an die ungeheure lutheranische sexuelle Unterdrückung der beiden letzten Jahrhunderte zurückerinnert, wird Auschwitz etwas Evidentes: Der Nackte kann nur noch den Zeugen beseitigen, das ist alles doch bekannt. Die Angst vor der Entlarvung als eventueller Schwuler rechtfertigte die Eliminierung der Zeugen und des eigenen schlechten Gewissens, das braucht man nur abzuschütteln und selber anklagen, wenn ich auf den immer schon verfügbaren anderen zeige, dann sieht man ihn, mich aber nicht. Und diejenigen, die man am besten anklagen kann, sind doch die anderen Außenseiter, die Juden. Ich erinnere Sie an das Buch *Die Außenseiter* von Hans Mayer zum Beispiel oder an *Die Wohlgesinnten* von Littell unter anderen.

Übrigens über diese Frage hat mein Freund Joachim Helfer ein mutiges und schönes Buch geschrieben *Die Verschwulung der Welt.*

H-J H Sie bringen mich mit Ihrer Antwort in Turbulenzen, schwankend zwischen Begeisterung und Befremden. Begeisterung dafür, dass Sie sofort in Ihrem Leben die existentielle Notwendigkeit des Rebellen in sich spürten und wie Sie von allem abgestoßen wurden und werden, was nach Schickeria, Establishment, Autorität und selbsternannter Autorität aussieht. Andererseits aber Befremden darüber, dass Sie so schnell bereit sind, einen Dichter zum Müll zu werfen. Ich bin da ganz anders: Ich nehme die Verfehlungen eines Ezra Pound oder Jean Genet zur Kenntnis, verurteile sie und begehre dagegen auf. Aber ich würde deswegen ihre Dichtung nicht verwerfen.

G-A G Ich bin da ganz »anders«, als ob es da noch ein »anders« gebe, als ob es da um »Sie« oder »mich« gehe, »ich bin da ganz anders«, als ob es um guten Geschmack, ja wie nett, ginge!! Entschuldigung, aber dies »ich bin da ganz anders« zeigt, wie weit weg Sie schon von dem absoluten Verbrechen stehen, da geht es nicht um »Dichter«, sondern wie bei Pound um richtige Kriminelle und Sie können noch so dagegen »aufbegehren«!, es geht um ein Verbrechen (ein leider deutsches), wie es sonst noch keins in der Geschichte gegeben hat, das zeigt wie »uninformiert« Ihre Generation, wie sehr »die Sache« bereits historisiert ist, wie wenig Ihre Generation herausfühlen kann, was da passierte, wie leicht Ihre Generation, vielleicht ganz zu Recht, die Geschichte über Bord geworfen hat. Vielmehr können Sie die Dimension der Sache nur intellektuell verstehen, aber nicht leiblich erahnen, erstens sind Sie zu jung und gehören einer unbeteiligten Generation an, die in der heimtückischen Wiederherstellung des »Schönen« und der »Wiedergutmachung« erzogen worden ist. Ja, Ihr Deutschen seid Menschen des guten Willens, daher werdet Ihr auch dem nächsten Hitler unvermeidlich wieder verfallen und Euch nachher wundern und wieder alles »wiedergutmachen«. Das ist keine »Verfehlung«, das Wort klingt doch sonderbar, sondern es ist seitens Pounds oder Jüngers, aber auch Benns ein existentielles Dazugehören zum absoluten Verbrechen. Dazu auch noch das infame Wort »Dichtung«, dieses gestelzte Lügen, Dichtung ist doch bei denen nur Mord und Tötungswille, vergessen Sie nicht das »Volk der Richter und Henker«; Dichtung, bei diesem Wort alleine wird mir schon übel. Dieses Wort ist mit der Hitlerei ein für alle Mal untergegangen: Poesie aber bleibt. Übrigens, damit es klar sei, ich bin kein »Rebell«, wieder so ein programmierter Ausdruck, ich will das gar nicht mal sein, aber ich warte nicht auf die Denkerlaubnis; ich hab mich nie zum Rebellen erklärt, so stur bin ich nun allemal doch nicht, man hat mir aber immer wieder vorgeworfen, ich sei ein Rebell, weil ich mich nicht irgendwelcher vorgekauten »Pflicht« oder Meinung fügen wollte.

(Wir sind an diesem Punkt in unserem Gespräch in eine ausweglos scheinende Situation geraten. Goldschmidts Äußerungen zu Jünger, Benn und vor allem Pound sind in meinen Augen unhaltbar und von einer solchen Radikalität (»Dichtung als Tötungswille«), dass ein Dialog keinen Sinn macht. Auch kann ich seine Einschätzung über die Nachkriegsgeneration nicht teilen. Wir setzen dann nach einer Pause wieder neu ein.)

H-J H Sie sagen, ich gehörte einer »unbeteiligten Generation« an. Auch Nachkriegskinder sind Kriegskinder in dem Sinn, dass sie seelisch noch ganz bestimmt sind von dem geschehenen Grauen. Sie wissen wenig von meiner Generation, dass Sie sie einfach so als »uniformiert« bezeichnen. Ich habe auch nicht das Gefühl, dass Sie über meine Generation etwas wissen wollen, jedenfalls haben Sie mich nie danach gefragt.

Dass Sie tatsächlich der Meinung sind, »Ihr Deutschen … werdet auch dem nächsten Hitler unvermeindlich wieder verfallen« kann ich nicht glauben. Wenn, dann wäre das eine ungeheuerliche Aussage und widerspräche vollkommen Ihren Eindrücken, die Sie mir von Ihren letzten Reisen nach Deutschland mitgeteilt haben.

Dass Dichtung bei Pound »Mord und Tötungswille« sei, halte ich für eine maßlose Verkennung. Das können Sie nicht wirklich meinen. Falls doch, bestürzt mich das.

Aber zu einer wichtigen Frage: Wie weit können wir ein Geschehen, das in seiner extremen Form ganz außerhalb unserer Erfahrungen liegt, »verstehen«? Zu Anfang Ihrer Erzählung *Ein Wiederkommen* hat mich Ihre Beschreibung erschüttert, dass Lyon von der Résistance an dem Tag befreit wurde, an dem Baron von Weinbein hingerichtet werden sollte, noch »in den blutfeuchten Betttüchern eines von der Gestapo gefolterten französischen Widerstandskämpfers«.

Und Anne Weber lässt in ihrem Roman *Tal der Herrlichkeiten* einen Mann durch eine Gegend streifen, in der Max Jacob in ein Lager gebracht wurde, wo er dann auch umgekommen ist. Die Deutschen hatten das Lager mit Hilfe der Franzosen in der »Cité de la Muette« in einem fast schon fertigen Gefängnis eingerichtet. »Nach dem Krieg öffnete man die Schmalseite wieder und aus den Kerkern wurden wieder Wohnungen.« Die Menschen leben heute dort, gehen ihrem Alltagsleben nach, das Grauen ist scheinbar Vergangenheit. »Die Gedenktafel für Max Jacob fand Sperber draußen, an den Klinkern der Hufeiseninnenwand. Zwischen den Sträuchern und Bäumen des in eine ›Grünfläche‹ verwandelten, einst mit Kohlenschlacke bedeckten ehemaligen Lagerinnenhofs sah Sperber zwei größere Kinder einen Säugling, wohl ihren kleinen Bruder, spazieren fahren.«

So beschreibt es Anne Weber und legt einer Figur das Erstaunen in den Mund: »Sperber versuchte, sich vorzustellen, was da geschrieben stand, aber wie immer, wenn er sich den Verschleppungen und Morden des Nazireichs gedanklich nähern wollte, merkte er, dass es ihm nicht gelang und wohl auch nicht gelingen konnte.«

Was ist von dem nicht erlebten Grauen zugänglich? Und in welcher Sprache und welcher Form?

G-A G Anne Weber hat das Vergessen wundervoll dargestellt, wie der Alltag alles überdeckt, so dass immer Platz bleibt für das Verbrechen in der Zukunft. Das Grauen kann man nicht »verstehen«, man kann es nur erleben. Grauen und »Poesie« haben nichts gemeinsam, das klingt auch schon wieder fast obszön. Mir ist überhaupt unverständlich, dass so ganz ohne weiteres vermutet wird, wie es öfter der Fall ist, dass zwischen solchem Grauen und der »Dichtung« irgendeine Verbindung bestehen könnte. Darauf hat der berühmte, Adorno zugesprochene Satz geantwortet. »Verstehen« kann man sowieso nichts. Das einzig Mögliche ist Claude Lanzmanns *Shoah*, nichts Weiteres ist möglich.

Vielleicht haben Sie gemerkt, dass ich das Wort Auschwitz in meinem ganzen Kram höchstens zweimal gebraucht habe, dazu bin ich als Lebensschmarotzer absolut unbefugt. Nie würde es mir einfallen, darüber zu schreiben, es sei denn, ich bin Historiker. Die Einzigen, die das dürfen, sind Menschen wie Primo Levi, wie Imre Kertész und seltene andere. Ich hätte mich nie herangewagt, wie Frau Weber es zu tun scheint. Ich glaube, man kann Erinnerung nicht übermitteln, einzig können sich erinnern diejenigen, die erlebt haben. Für die anderen gibt es nur noch Vergessen oder Erfindung. Geschichte dagegen ist absolut notwendig, übrigens Holocaust-Leugnung ist mit heimlicher uneingestandener Mordgier verbunden.

Die »Gegend«, von der Sie reden, ist Drancy (auf Wikipedia steht alles, ausgezeichnet dargestellt), la »Cité de la Muette« ist der Name des Ghettos, das 1941 von der französischen Polizei auf Befehl der Gestapo nahe Paris innerhalb Drancys eingerichtet wurde. Es waren keine Gefängnisse, sondern geplante Billigwohnungen, die noch im Rohbau standen. Da starb 1944 Max Jacob. Wie Sie es erwähnen nach der Erzählung, die Sie zitieren, sieht das alles so ein wenig nach Dorf aus, dazu auch noch das abschwächende Wort »Verschleppung« statt Deportation. Das ist die Gefahr der Übersetzungen, dass der fremde Leser nicht versteht, was gemeint ist, und in diesem Fall ganz besonders. Wenn schon, müsste es genau sein. Sperber hatte recht, darunter kann man sich nichts vorstellen. Drancy ist eine furchtbar heruntergekommene Vorstadt, wo alles vergessen ist und wo es den Leuten zu Recht absolut Wurst ist, was die Tafel wohl bedeuten mag. Nichts kann nachgefühlt werden, jegliche Form der andächtigen Erinnerung ist überflüssig und eigentlich nicht nachvollziehbar. Da liegt gerade das Problem: Nachher ist alles vergeblich, alles kommt zu spät. Es geht nicht um »Erinnerung«, sondern um Mahnung, von der man aber weiß, dass sie nichts nützt.

Grauen ist auch so ein praktisches Wort, mit dem man sich arrangieren kann. Es geht aber keineswegs um »Grauen«, es geht um Shoah, etwas nie Dagewesenes, wofür es weder Begriffe noch Darstellungen oder Definitionen oder ich weiß nicht was geben kann. Grauen ist nur Literatur, solange es einem nicht graut. Erinnerung kann höchsten Warnung sein.

So in Deutschland die Stolpersteine, die sind eine ganz großartige Warnung: Was geschah, ist immer noch möglich, erinnern heißt: wissen, worum es geht.

H-J H Das Böse, das sich auf so abgrundtiefe Weise im Nationalsozialismus zeigte, es offenbarte sich in einem kollektiven Wahn und wie er in Vernichtungslagern organisiert wurde. Und zugleich war jeder einzelne, der diesem System diente, ein von der Vernichtung einer anderen Kultur Besessener. Oder nur ein Ausführender, ohne selbst radikal böse zu sein? Die individuelle Durchführung des Vernichtungswillens: Ist sie nicht genauso erschreckend wie das ganze System der Vernichtung? Ich möchte Jorge Semprún in unser Gespräch mit einbeziehen, weil sich auf diese Weise Ihr Weggehen aus Deutschland besser konturieren lässt. 1936 flieht die Familie Semprún (und mit ihr der 1923 geborene spätere Schriftsteller Jorge Semprún) von Madrid vor dem spanischen Bürgerkrieg nach Frankreich. Semprún beschreibt – nachdem er diese Zeit über sechzig Jahre lang in seinem Schreiben ausgespart hatte – die Flucht als Vertreibung aus dem Paradies seiner Heimat. Je mehr er schreibe, desto deutlicher komme ihm die Erinnerung zurück.

Erinnerung und Neugierde sind zwei Schlüsselwörter sowohl in den Kindheitserinnerungen, die Jorge Semprún unter dem Titel *Unsre allzu kurzen Sommer* veröffentlichte, als auch in seinem gesamten Werk. Würden Sie das für sich auch so sagen: Schreiben als Erinnerungsarbeit, am Leitfaden der Neugierde?

G-A G Zu allererst, ich hatte nicht die Chance, mit der Familie zu fliehen, und zweitens geht es nicht einfach um »Erinnerung«, sondern um etwas, das man am liebsten wegschaffen möchte, das hat man in sich, weil man es mit den Hitlerverbrechern zu tun hatte, es ist alles andre als »Erinnerung und Neugierde«, irgendwie ist das ein Missverständnis, so kann es bei Semprún nicht gewesen sein; wie Sie ihn darstellen, sieht er eher als Ferienreisender aus. Als Kind einer bevorzugten Zeit der Geschichte leben Sie anscheinend in einer Welt des Tourismus, nicht aber des Entsetzens und der Bedrängnis. Es ist nicht, wie Semprún Eleganz spielt, dass man ihm ein wenig naiv aufs Wort glauben soll. Wahrscheinlich verkleidete er seine innere Angst in Modernität.

Nochmals, ich habe Semprún nicht gelesen, und werde ihn auch nicht lesen, weil man nicht alles lesen kann, aber natürlich ist diese Verdrängung von Bedeutung, da ist jedoch Aharon Appelfeld von gleicher Bedeutung oder auch andere, die mir jetzt nicht einfallen. Und da wir bei meinem Kram sind, ich habe bis Anfang der neunziger Jahre auch nicht darüber schreiben können oder wollen, das ist übrigens ein altbekanntes Phänomen. Solche Erlebnisse brauchen mindestens vierzig Jahre, um angegangen zu werden. Es gibt beim Menschen allerhand Präservationsmechanismen, Varlam Chalamov oder Herta Müller sind Beispiele unter vielen anderen.

Das ist alles nicht so einfach, irgendwo erzähle ich, dass die Mutter meines jungen erschossenen Schweizer Freundes, André Reussner, mir seine kleine Spieldruckerei geschenkt hat. Vor drei Wochen bei einem Abendessen mit lieben Freunden, mit denen ich über meine damalige gescheiterte »Verhaftung«, 1943, spaßte und lachte, fing ich ganz von selbst von Andrés kleiner Spieldruckerei und dem Geschenk seiner Mutter zu erzählen an, und auf einmal kam in mir diese kleine graupunktierte Spieldruckerei wieder auf mit ihren Gummibuchstaben und dem Stempel dazu, und wie seine Mutter mich umarmte und ich dumm die Treppe hinabstieg mit dem kleinen Kasten in der Hand, die schrecklichste Erinnerung meines Lebens, sogar jetzt kommen mir beim Schreiben fast die Tränen.

Für Menschen meiner Generation gibt es lauter Sperrmechanismen, zum Schutz des in Wirklichkeit Gemeinten. Ich bin immer mehr überzeugt, dass alle meine Schreibereien nur Deckmanöver sind, um nicht vom Wesentlichen zu reden, dass ich natürlich ignoriere oder so tue »als ob«, das wäre die Arbeit eines Analytikers, aber der bekommt sie nicht, das behalte ich für mich.

Ich schreibe nur, um zu verstecken, was ich nicht sagen will, und von dem wüsste ich alles, wenn ich nur wollte; ich will aber nicht. Aber auch da ist Semprún eine Ausrede, die vor David Rousset, vor Hilberg und so vielen anderen schützt. Ich bin sicher, dass er auch das »Eigentliche« (um kriminelles Deutsch zu gebrauchen) überhaupt nicht geschrieben hat, was er schreiben wollte. Aber Neugier ist hier schon fast obszön.

H-J H »Neugierde« im Zusammenhang mit »Weiterleben«, das waren doch ganz existentielle Formulierungen, auch bei Ruth Klüger und anderen. Wollen Sie das wirklich als »öbszön« bezeichnen?

Dass ich in einer »Welt des Tourismus« lebe, stimmt, aber es ist nicht die meine. Irgendwie wissen Sie gar nichts von mir, obwohl Sie mir mal schöne Bemerkungen zu einigen meiner Bücher schrieben.

Ich hatte mein Nachfragen zu Semprún schon gestrichen, Sie haben es wieder hineingenommen. Aber zu Ihrer Bemerkung über Ihr Schreiben (»Ich schreibe nur um zu verstecken …«): Oft genügt eine Silbe, ein Wort, ein Satz oder eine Szene, eine Mimik, um an das Geheimnis zu rühren. Ja, das Geheimnis und wie es sich verbirgt! Die Sperrmechanismen, die Widerstände gegen die Offenbarung, von denen Sie sprechen, sind in Ihrer Generation sicher besonders stark, sie sind aber allgemeiner Natur. Ja, Schreiben ist auch Verbergen, den Kern so bekenntnishaft umkreisen, dass jeder glaubt, es sei die reine Wahrheit. Bei niemandem wird das deutlicher als bei (dem von Ihnen nicht sonderlich geschätzten) Michel Leiris, dem »Maniak des Bekenntnisses«, der ein Leben lang in seiner Autobiographie

(*La Règle du jeu*) alles bloßzulegen scheint, um dann in seinem postum erschienenen Journal den wahren Kern zu verraten.

Ein Gestaltungsprinzip Ihres Erzählens ist der Bruch, oder wie Peter Handke im Vorwort zu Ihrer Erzählung *Die Absonderung* schreibt: »Raum- und Zeitsprünge … von Ferne und Nähe« dominieren. Noch nie habe er ein solch jähes Wechseln in der Literatur wahrgenommen. Ist Ihre Form des Erzählens von Handke richtig beschrieben worden? Und wenn ja, können Sie sagen, wie sich Ihr Erzählen entwickelt hat?

G-A G Was Handke da sagt, scheint mir sehr richtig, es gehört alles zusammen, das Umspringen ist immer gleichzeitig, während Sie etwas machen, sehen Sie alles Mögliche, das nichts mit dem, was Sie machen, zu tun hat. Sie sprechen mit jemandem und dabei merken Sie, wie plötzlich die Sonne hervorbricht oder der gelbe Hund über die Straße läuft, und das ist dann vielmehr als das Thema des Gesprächs der wirkliche Inhalt eines eventuellen Schreibens. Was man sagt, ist unbedeutend neben dem, was man sieht; darüber habe ich gerade eine schöne Stelle in Döblins *Reise in Polen* gelesen, am Ende des Kapitels »Zakopane« muss er irgendeine Plauderei mitmachen und kann sich nicht richtig dabei die Landschaft ansehen (das lässt mich an Handke denken).

Meine ersten Erzählungen *L'Empan* und *Le Fidibus*, beide unter dem Gesamttitel *Un corps dérisoire* (Ein belangloser Leib), standen ganz unter dem Einfluss Flauberts, wie mich übrigens auch viele andere französische Erzähler beeinflussten, dann fing ich an, Handke zu übersetzen, und diese schöne Arbeit hat mich ganz bestimmt beeinflusst.

H-J H Ich weiß nicht, sollen wir Ihren Freundschaften ein eigenes Kapitel widmen? Zum Beispiel zu Gérard Genette oder Denis Roche (dem Sie, wie Sie schreiben, Ihre Autobiographie verdanken), zu Peter Handke und Paul Nizon?

Vielleicht könnten wir die Frage, was diese Freundschaften für Sie bedeuteten und noch bedeuten, verbinden mit dem Selbstbild des Schriftstellers.

In seinem *Journal 2000 – 2010* schreibt Paul Nizon: »Handke tendiert zum Heiligen oder Erlöser. Ich zum Künstler … ich bin Selbstarchäologe … Mein Heil ist der Künstler.«

Ich kann mir solche Sätze von Ihnen schlecht vorstellen. Sie sind so ganz ohne Pathos in Ihrer Selbstcharakterisierung, ohne jede Selbstheroisierung. Auch wenn Sie wahrhaft eine existentielle Erfahrung von Fremdheit gemacht haben, würden Sie sich doch nicht als »absoluten Fremdling« bezeichnen. Und als »Erlöser« schon gar nicht. Oder?

G-A G Ich möchte nicht allzu persönlich werden, in *Über die Flüsse* waren es nur Menschen aus der schon ziemlich weiten Vergangenheit, solche literarischen Freundschaften, wie die mit Handke oder Nizon, haben immer etwas »Kollegenhaftes«. Mit Handke verband mich und verbindet mich noch eine gemeinsame Weise des Wahrnehmens. Ich übersetzte ihn mit Freude, weil seine Sehwelt auch die meine war, wir haben gemeinsam viele Wanderungen in der südlichen Vorstadt von Paris gemacht; Nizon sehe ich ziemlich selten, eine innige Freundschaft verbindet mich mit dem Schriftsteller Joachim Helfer. Wie aber immer, und Sie sind weitaus nicht der Einzige, der auf Freundschaften mit »Berühmtheiten« zurückkommen wird, das hat etwas zutiefst Abstoßendes, es riecht immer nach »Promotion« und nach höheren Menschen, wie Nietzsche es nennt (Sie sehen, ich kenne auch welche), als gäbe es große Menschheit und kleine Menschheit, aber die Freundschaft zu meinem anonymen Nachbarn auf dem Lande ist mir genauso wertvoll. Nichts Infameres als Großiumkult.

Handke übersetzen hat bestimmt meine Schreibart geändert. In den beiden ersten Erzählungen kam die Sprache zugleich von Flaubert, Calaferte oder Marcel Aymé, aber auch Fallada (einer der ganz großen deutschen Schriftsteller, der den Herrschaften nicht genug »intellektuell« klingt). Handke führte mich beim Übersetzen zu einer viel bescheideneren, einer vollkommen visuellen, unverzerrten, ironielosen Sprache zurück, aus der ich dann meine eigene entstehen ließ. Das verdanke ich dem Übersetzen. Überhaupt, wenn man das Glück der Zweisprachigkeit schon hat, sollte das Schreiben mit dem Übersetzen anfangen.

Was literarische Formulierungen zum eigenen »Werk« betreffen, da bin ich eher skeptisch, jedenfalls was mein Geschreibsel anbelangt. Damit fing ich auf Französisch 1942 an, nachdem ich Pascal gelesen hatte, von dem ich kaum etwas verstand. Es wurde, glaube ich, ein ganzes französisches Schulheft (Seyeslinierung), 96 Seiten lang, und hieß *le Tout et le néant* (*Das All und das Nichts*), mit ganz tiefen Betrachtungen wie »Das Nichts ist überall, wo es etwas gibt, da es es doch nicht gibt«, le néant est partout là ou est quelque chose' puisqu'il n'existe pas usw.

Solche Banalitäten sind für ein Kind ungeheure metaphysische Rucke, richtige ekstatische Trancen. Der Inhalt verschwindet, aber die trancenhafte Spitze bleibt, ohne die gibt es kein Schreiben. Es muss in einem rumoren, es muss Spaß machen. Wenn ich es nicht irgendwie in mir habe, irgendwie oft als Erregung, höre ich augenblicklich auf. Ich bin kein Schriftsteller, zum Glück, ich war ein Beamter der Französischen Republik, ich war Studienrat, verdiente meine Pinke und hatte immer nur interessierte Schüler und ein wunderbares Leben, daher meine totale Freiheit und Selbständigkeit, was das Schreiben betrifft. Nur einmal, 1969, brachte ich ungebeten ein Manuskript zu einem Verleger, der es auch annahm, alles Übrige kam dann von alleine. Nie habe ich in dieser Beziehung müssen oder sollen. So konnte ich so lange warten, bis es mir kam(!), für jedes Buch habe ich mindestens fünf bis zehn Jahre gewartet, bis es reif war. Genauso ging es mit meinen Handkeübersetzungen, für ein kleines Buch von 170 Seiten brauchte ich manchmal drei Jahre, und Gallimard, dem französischen

Verleger Handkes gefiel das nicht, zu meiner größten Freude, so ließ ich die noch sechs Monate extra warten, da die mich brauchten und ich sie nicht. Zum eigenen Schreiben musste es mir im Körper kribbeln, bevor ich mich vor ein Blatt Papier setzte, und es kam dann sofort etwas völlig anderes als das, wozu ich ansetzen wollte. Es entstehen in mir »Leitbilder« (weniger dumm als die faschistoide »Leitkultur«), die mir die Feder führen und die ich nie niederschreibe; ich muss sehr lange warten, bis ich endlich mit dem herauskann, was ich im Kopf hatte oder meinte, es zu haben; denn wer weiß schon wirklich, was er denkt und »meint«?

In mir habe ich noch das Bild eines Pferdewagens mit Lederverdeck und rechteckigem Rückschaufenster aus Mica, der hinter eine Mauer fährt, so dass man nur die obere Hälfte des Fuhrwerks sieht. Das ist das Quellbild all meines Schreibens überhaupt, jedes meiner Bücher ist aus diesem Bild entstanden, und bisher steht das Bild nirgendwo.

Auch glaube ich kaum an »Genialität« und vor allem nicht an die »Auserlesenheit« des Schriftstellers, der in keiner Weise mit Ehrfurcht oder solchem Quatsch angegangen werden muss. Alles ist meistens eine mysteriöse Kreuzung von Milliarden und Abermilliarden von winzigen oder einiger ganz großer Begebenheiten, die zusammengewoben tatsächlich etwas Außerordentliches ergeben können. Dafür kann man weniger, als man möchte. Der Schriftsteller ist ein Glückspilz, erstens kann er sich das leisten, wo die meisten Menschen schuften müssen, Schriftsteller aus armen Häusern, wie man so sagt, gibt es ganz wenige, übrigens viel mehr in Deutschland als in Frankreich.

Sie kriegen von mir ein Rennpferd (ich hab natürlich keins und könnte Ihnen kaum eins beschaffen), sollten Sie einen französischen Roman der Gegenwart ohne Badezimmer, ohne »appartement« und ohne schickes Auto finden. (Rechnen Sie sich mal die Kosten bei Proust aus). Keine Gesellschaft (oder man verfalle dem Stalinismus, der sich darin auskannte) ist verpflichtet, Schriftsteller oder Künstler zu unterhalten (eigentlich ist das österreichische Schimpfwort: »Sie Künstler, Sie« ganz lustig). Malern geht es ähnlich, haben Sie schon mal einen wirklich armen Maler erlebt, alleine das Material (Staffelei, Leinwand, Tuben) bedeuten mehrere Monate Arbeitslosengeld. Was ich hier so schreibe, ist ein wenig provokativ, soll es eben sein.

H-J H Lieber Georges-Arthur – ich wähle jetzt also auf Ihren Vorschlag hin diese vertraute Anrede –, wir kommen zum Ende dieser Gesprächsfolge. Heute las ich parallel in der französischen und deutschen Version von *Ein Wiederkommen* und die entsprechenden Passagen in Ihrer Autobiographie *Über die Flüsse*, die von der Internatszeit in Südfrankreich und der sich daran anschließenden Zeit in Paris handeln.

Ich wollte wissen, wie unterschiedlich Sie Ihr Leben in der Autobiographie und in einer Erzählung darstellen, welche Sprache Sie jeweils wählen und in diesen Sprachen der Erinnerung eine Gestalt geben.

Ihre Autobiographie schlägt den epischen Ton eines Erzählers und Historikers an, holt weit aus, beginnt bei Ur-Urgroßmutter und Ur-Urgroßvater. Sie erzählen – anders als in Ihren literarischen Selbstzeugnissen, die feurig sind – distanziert von Ihrem Leben. So liest man auch Ihre Autobiographie: eher ehrfürchtig. Natürlich gibt es auch in Ihrer Autobiographie viele Stellen, vor allem da, wo Sie über das Erleben der Bestrafung schreiben, die sich im Ton Ihren Erzählungen annähern.

G-A G Wieso »ehrfürchtig«, freundschaftlich wäre mir lieber gewesen. Ehrfurcht ist keine Dimension.

Wählen tue ich keine Sprache. Ich schrieb jahrelang nur Französisch, weil Französisch meine Leib-, meine Wesenssprache, auch meine Lebenssprache ist. Während die Etappen meiner Nabelschau defilierten, kam ich in diesen Selbsterzählungen zum Jahr 1943, Jahr der extremsten Gefahr. Ich kam den Deutschen entgegen, die mich abholen kamen und nicht erkannten, das Jahr auch der Rettung durch Franzosen, und plötzlich, ohne es zu merken, schrieb ich deutsch *(Die Absonderung)*, wahrscheinlich gerade weil mich Franzosen vor den Deutschen in Schutz nahmen und die Sprache wieder frei machten. Nicht zu vergessen, dass einzig die französische Sprache mir das Deutsche zurückgeschenkt hat, Franzosen retteten mir das Leben, Franzosen brachten mir diese herrliche Sprache bei und Franzosen zeigten mir, dass es auch anders als bei den Nazis ging, dass die Nazis nun doch nicht mit den Deutschen überhaupt zu verwechseln seien, und vor allem wurde mein Deutsch nicht von der LTI kontaminiert, es blieb mir unversehrt erhalten. Die ersten Erzählungen wurden französisch geschrieben: Sie erschienen 1971 und 1972 bei Julliard.

Die *Editions Universitaires de Lyon* hatten sich in den Kopf gesetzt, meine beiden ersten französischen Erzählungen neu aufzulegen, so war ich gezwungen, in *L'Empan* und in *Le Fidibus* nachzulesen. Seit 1972 hatte ich nie wieder darin gelesen, sein eigenes Zeug wiederlesen ist etwas Unerträgliches, dabei stieß ich auf die Stelle, wo der Kellerlicht, dieser Idiot, zum Bahnhof muss, die geschenkten Kleiderstücke mit dem Wägelchen abzuholen, und wie er dann in die Konditorei geschleppt wird. Daran erinnerte ich mich gar nicht mehr und fand das ulkig und äußerst bezeichnend wieder für mein Alter Ego und übersetzte das einfach in *Ein Wiederkommen* hinein, daher die Differenzen. Mir kamen gewisse Sachen in den Sinn, die ich entweder auslassen oder integrieren wollte, die auch in mir entstanden, während des Übersetzens. Sich selbst übersetzen ist nicht immer eine rein neutrale Tätigkeit. Man kann dem Strom der Zeit, die inzwischen Erinnerungen und Eindrücke erweiterte oder anders färbt, nicht widerstehen.

Was *Über die Flüsse* angeht, dieses Buch wollte ich überhaupt nicht schreiben, ich hatte schon reichlich autofiktioniert, aber bei Le Seuil drängte mich mein Verleger Denis Roche dazu, und es bedurfte mehrerer Einladungen in ein italienisches Restaurant, um mich dazu zu kriegen. Was ihn interessierte, war die Familiengeschichte, mich aber viel weniger, daher der ganz andere Ton des Buches. Für die französischen Leser war das natürlich ein anregender, ein fremder und ein wenig exotischer Stoff.

3. SEXUALITÄT, AMÜSEMENT UND DAS WUNDER DES EXISTIERENS

Vorbemerkung

Sobald Wörter den Anschein erwecken, als sei in ihrer Begrifflichkeit schon Wahrheit beschlossen, begehrt Georges-Arthur Goldschmidt vehement auf. Dies gilt auch für Theorien, die etwas verfestigen wollen, was in Bewegung ist. Hier nimmt dieses Gespräch seinen Ausgang. Selbst in Fragen, die mir ganz unverfänglich und heiter erschienen, entdeckt Goldschmidt einen Zug zum Theoretisieren. Diese Dissonanz erweist sich aber auch als kreativ.

HANS-JÜRGEN HEINRICHS

Wie stark Sie gegen alles aufbegehren, was nach
(grauer) Theorie und nach Autorität aussieht, weiß ich
ja inzwischen.

Ich möchte jetzt also einen anderen Weg einschla-
gen, der immer schon in meinen Fragen mit enthalten
war: Ich stelle meine Fragen nun ganz aus Ihren Erzählungen heraus und lasse das Theoretische nur passager
einfließen.

An oberster Stelle soll in dieser Gesprächsfolge Ihre
Freude am Amüsement, auch am Quatsch und Jux, und
die reine Freude an der Tatsache des Existierens stehen.

Ein Kapitel in Ihrer Autobiographie *Über die Flüsse*
gibt mir dazu eine wunderbare Gelegenheit: das Kapitel XIV »Das Jahr des Abiturs«.

Es beginnt mit dem September 1945, genau der
Zeitpunkt, zu dem ich auf die Welt gekommen bin.
Ich empfinde die beiden ersten Abschnitte dieses Kapitels wie ein Geschenk an mich: dass Sie mir (dem von
der Schwere der Welt existentiell bedrohten Erden-
neuling) zurufen: »Wie leicht es war zu existieren, er-
staunte mich immer wieder.«

Ihnen gelingt es, nur mit ein paar Sätzen zu beschreiben, worin das Wunder für Sie bestand und immer noch besteht. Mögen Sie davon erzählen?

GEORGES-ARTHUR GOLDSCHMIDT

Ob, zu Beginn, das Wort »Amüsement« gerade das richtige ist, lassen wir lieber dahingestellt, wie auch »Sexualität« ein so falsch wissenschaftliches Wort, das mit der »Sache« nicht das mindeste zu tun hat. Vokabular, dieses ist doch vor allem immer nur Reduktion, ein unzutreffender Begriff, ich habe so den Eindruck, dass Sie der Sprache aufs Wort glauben.

Es ist kein Aufbegehren, sondern ein Gefühl des Unwohlseins, sobald ein Zwang dahintersteht. Gegen Theorien habe ich nichts, nur verwerfe ich sie sofort, wenn man sie mir zur Adhäsion ausbreitet, wenn man mich eines Besseren belehren will, wenn ich »soll«. Ich alleine bestimme, was ich zu denken habe oder nicht. Ich habe das Glück gehabt, nach zwei Jahren Volkschule nie mehr richtig zur Schule gegangen zu sein. Wie oft machen sich die Erwachsenen lächerlich mit ihrem oft feierlichen Gerede. Da die Leute, die mich »erzogen«, nicht meine Eltern waren, mir sogar völlig fremd waren, brauchte ich ihnen nie zu glauben und habe ihnen auch nur geglaubt, wenn ich von ihnen etwas Vernünftiges lernen konnte, aber sobald es um Autorität ging, glaubte ich ihnen nicht mehr. Alles Affirmative, wie Marcuse es nannte (sehen Sie, ich habe auch meine Autoritäten), ist Lüge.

Sobald in meiner Gegenwart etwas »Ehrfurcht« oder »Respekt« einflößen soll, ist es im selben Augenblick für mich für immer unwiederbringlich erledigt, und sei es auch das »Schönste« überhaupt. Im Deutschen gibt es doch den herrlichen Begriff »tierischer Ernst«; damit ist alles gesagt. Till Eulenspiegel ist mein einziger »positiver« Liebling (neben Anton Reiser), wie er die sogenannten »Größen« auf den Arm nimmt und alle »Gläubigen« (sic!!) insbesondere. Kennen Sie überhaupt etwas Groteskeres als den G.-A. Goldschmidt, wie er da über dem Publikum an seinem erhöhten Katheder thront und sein Zeug den armen Leuten vorliest, damit sie das Geschreibsel bloß »ernst« nehmen? Es ist doch einfach irrsinnig komisch, genau wie Menschen, die in einem Konzertsaal alle artig in Reihen zusammensitzen vor irgendwelchen anderen, die gestikulieren und zusammen so unnötigen Krach machen. Eine Ausstellung voll Schinken an den Wänden und alle Besucher, die den Arsch strecken, das ist doch zum Biegen.

Die falschen Autoritäten dominieren immer nur den, der sich dominieren lassen will. So geht es auch mit der sogenannten »Kunst«, wo Kunst einzig das Autorisierte ist. In einem Museum lasse ich mich von meinem Auge leiten, und wer das gemalt hat, kommt erst nachher, wenn es überhaupt kommt. Ich alleine entscheide, ob es »schön« ist oder nicht. Zum Lernen braucht man alles außer proklamierte Autoritäten.

Was mich in dieser Beziehung entzückt, sind Fälschungen. Es ist doch wunderbar, dass irgendein Affe für Millionen Euro sich einen falschen van Gogh oder van Dongen oder de Staël usw. kauft. Wer nicht sieht, muss blechen. Wer ohne jegliche Liebe oder Begeisterung, um sich aufzublähen, »Kunst« kauft, den soll der Himmel segnen, denn er ermutigt die Fälscher, und je mehr Fälschungen es gibt, umso mehr ist die »Kunst« in Sicherheit gebracht, vor aller Augen versteckt und doch für alle sichtbar.

Was das Leichte am Existieren betrifft, das verdanke ich Ihren damaligen Volksgenossen, die mir als Kind Existenzverbot auferlegten. Ich existiere als Herausforderung, ich fühle mich als reine Provokation, wie schön, wäre ich nur ein Existenzärgernis den Deutschen gegenüber, die nichts dafür können, aber *tant pis.* Ihr wolltet mich nicht, da habt Ihr mich, da bin ich trotzdem, meine Existenz ist ein Ärgernis, wie schön. »Was verboten ist, macht uns gerade scharf.« Andererseits habe ich keine Lust, mich anderswo als in von mir alleine bestimmter Literatur über Intimes auszulassen, ich bin kein Forschungsobjekt.

H-J H Sie erzählen dann ein paar Seiten weiter in diesem Kapitel Ihrer Autobiographie, wie Sie im Heim Abenteuergeschichten und das Comic-Magazin (SPIROU) und den Comic *Die Familie Illico* lasen, »das war meine *Menschliche Komödie*«, notieren Sie. Und wie sich Ihnen durch die Lektüre von Kindercomics »unendliche Welten öffneten«.

Entstand hier Ihre Freude an einem Wissen und einer Erfahrung von Welt, die lebendig und heiter ist und nicht durch Theorie abgetötet wird? Ihre allerersten Aufregungen, die dann – welch ein herrlicher Übergang – direkt zu Rousseau führten?

G-A G Ich kann nicht auf das, was einmal war, zurückkommen. Ich müsste weit in mir selber zurückgreifen und verschüttete Wege freischaufeln. Und das kann und will ich nicht.

Was soll ich bloß über »Erfahrung der Welt« verzapfen, wo ich gar nicht mal weiß, was das ist; was ist denn Welt? Ich kann nur über etwas reden, was im Kopf zur Oberfläche drängt, wie es will, ohne dass ich was dafür kann, es muss in mir irgendwie drücken und da sein, sonst kann ich das nicht. Es ist äußerst unangenehm, sich immer mit sich selber befassen zu müssen, da hänge ich mir schon seit langem aus dem Halse raus, könnten wir denn nicht auf was anderes als den Goldschmidt umschalten, es gibt doch so viel Interessantes auf der Welt als gerade diesen Schmarotzer.

Aber um auf ihre Frage zurückzukommen, die Wesentliches enthält. Die Entdeckung Rousseaus kam von allein, er stand auf dem Abiturprogramm, die Internatsleiterin hatte mich kurz vorher noch bestraft, wegen »stummer Sünde«, hatte mir zur Vorbereitung die *Bekenntnisse* gegeben, aber gewisse Seiten mit einer Nadel festgemacht, das habe ich auch schon erzählt, da wurde die Geschichte meiner Perversion zum Besten gegeben, für jeden Menschen lesbar, und das hatte eine Größe, eine öffentliche Berühmtheit, die überall Statuen hatte, geschrieben: Ich war also nicht der Einzige, dem es so erging, der von der Wollust getrieben wurde, also Peitsche und »stumme Sünde« in »Einklang« brachte und damit seine Weltsicht erneuerte.

(G.-A. GOLDSCHMIDT *findet den Ton unseres Gesprächs jetzt zu »feierlich wichtig«, im Gegensatz zu denen davor (»voller Finessen, Empathie und scharfen Analysen«). Wir brechen hier das Gespräch ab und nehmen es einige Wochen später wieder an einem anderen Punkt auf.*)

H-J H Der Verblüffung über das Existieren geben Sie einen ebenso einfachen wie poetischen Ausdruck: »Ich hatte da alles vor mir, alle Landschaften, Straßen. Ich konnte mir alles in Ruhe anschauen. Es war, als hätte die Befreiung die Landschaft gelüftet ...«

Das Existieren verknüpfen Sie immer stärker mit dem, was Rousseau das »Temperament« nennt, das langsam zu »gären« anfing. Das »alles begründende Gewitter« sei langsam, aber dann mit umso größerer Gewalt in Ihnen aufgestiegen.

»Das Leben war, was auf mich zukam, ich hatte kein anderes Bedürfnis, als meinen Körper zu fühlen, und je mehr ich ihn fühlte, umso mehr hatte ich den Beweis meiner Existenz.« Mögen Sie dieses Bedürfnis nach einer tiefgefühlten Körperlichkeit noch weiter beschreiben?

G-A G Ich wurde im Oktober 1943 von mir selbst überfallen, ganz oben im Internat, alle vier großen Fenster des kleinen, leeren Schlafsaals lagen so hoch, dass man nur den Himmel sah, erst wenn man an die Fenstertüren herantrat, sah man alle die unzähligen Alpenberge. Wahrscheinlich war ich zur Strafe dahin geschickt worden, es war kurz vor dem Tag, als die Deutschen meinen älteren Bruder und mich abholen kamen und uns aber übersehen haben. Wir waren schon eines Nachts von Freunden in einem leerstehenden Chalet versteckt worden, weil die Deutschen Razzien organisierten. Da stand ich, sah ins Tal hinunter, und auf einmal war in mir dieses ganz einfache, wortlose Gefühl der Selbstgegenwart oben unter der Stirn mit allem Rest darunter, es war eine unumstößliche, ganz einfache, klare Sicherheit, die mir nichts und schon gar nicht die Deutschen nehmen konnten, von denen doch jedes Kind wusste, dass sie für jeden eine Gefahr, eine Drohung an sich waren und für jemanden wie mich der sichere Tod.

Das hatte ich aber vollkommen vergessen vor lauter Begeisterung, dass in mir diese Sicherheit war, dass diese gerade entdeckte Feststellung immer mein Leben lang mit mir sein würde, ein wenig wie ein innerer unbeteiligter Zuschauer, der alles mitmacht.

Ich wusste nicht, dass das »Existenzgefühl« heißt, das sollte ich ja eben erst durch Jean-Jacques Rousseaus *Bekenntnisse* erfahren. (Als kleine Zwischenbemerkung: Da Sie aber einen Satz von mir zitieren, aus *Über die Flüsse*, das einzige Buch, in dem ich (auf Bestellung) die erste Person des Singulars verwende, möchte ich, dass Ihnen bewusst wird, was »Befreiung« bedeutet: Befreiung von den Barbaren, die Frankreich besetzt hielten, und was diese »Befreiung« bedeutete: als durch die »Gnade der späten Geburt« verkohlter, glücklicher Mensch Sie nicht ermessen können). Sie haben recht, es war eine Verblüffung.

Heute noch bin ich verblüfft wie am ersten Tag, es ist doch ungemein komisch und wunderbar, dass es überhaupt jeden einen gibt. Kaum etwas ist so wenig evident wie die eigene Existenz, das ist so verwunderlich wundervoll, dass ich aus der Bewunderung nicht herauskomme, und dabei ist es doch so irrsinnig komisch, sich bis aufs Klo zu begleiten, sich reden zu hören oder wie früher als Kind Bücklinge vor Erwachsenen auszuführen.

H-J H Es bleibt Ihr Geheimnis, was Sie mit der Bemerkung des »verkohlten Menschen« meinen. Ich gehe darauf nicht ein. Das ist einfach unwürdig.

Welch eine Fügung in Ihrem Leben, dass Rousseaus *Bekenntnisse* sogar auf dem Lehrplan für das Abitur 1946 standen – so, als seien Ihnen die tiefe Ergriffenheit, die Begierde, die Verwirrung, das Herzklopfen und die Tränen geradezu verordnet worden. Welch ein Ereignis! Ihnen wird das Buch übergeben mit dem Verbot, bestimmte Seiten zu lesen. Stärker kann die Neugierde auf das Verbotene gar nicht geweckt werden. Und im Hintergrund die Androhung der Strafe.

Können Sie die Frage, die Sie ja selbst stellen, beantworten: »Woher kam es denn, dass aus der Strafe so viel Wollust entstand?«

G-A G Nach der Selbstentdeckung und Selbstfeststellung des Jahres 1943 kam das Selbstabenteuer, die Selbsterfahrung. Man konnte es zu jeder Gelegenheit erproben, und so war die Scham eine besonders intensive Form der Selbstwahrnehmung und die Strafe, die fast immer vor anderen erteilt wird, zeigt auf besonders fühlbare Weise die Gegenwart der anderen – ich brauche ihren Blick als neuen Beweis meiner selbst. Die anwesenden Zeugen haben mich in naturalibus gesehen, mich flehen und weinen gehört, wie ich mich selber nie sehen werde, und dabei gerade durch die Scham erweckte Erregung, und jeder »Pädagoge« (ein fürchterliches Wort) der damaligen Zeit wusste genau um den Effekt einer solchen Erziehung. Das ganze Ritual der Strafe, das lange Warten usw. war jedes Mal eine extreme Form der existentiellen Provokation: Seht, gegen mich könnt ihr nichts; sollte es zu arg werden, würde ich Reue simulieren (denn eigentlich hatte ich nichts Böses getan), aber klein beigeben werde ich nur anscheinend: Ich werde weiter der sein, der ich bin, und dagegen könnt ihr nichts. In Wirklichkeit war eine solche Erziehung doch nur auf die Zerstörung der Individualität aus, es galt eine halbmündige, ungefährliche, »verwendbare« Bevölkerung zu »züchten«, das ist alles derart banal, dass es sich kaum lohnte, noch darauf zurückzukommen, denn doch aber blieben und bleiben die zweideutigen Aspekte jeder »Erziehung«, es wird immer etwas andres noch mit dazugelehrt, ob gewollt oder nicht, das ist die »Selbst»efeessée-ung« des »Zöglings«, die immer anders ausfällt, als man es sich dachte. Der Mensch ist ja Mensch, weil jede Programmierung an ihm scheitert. Die Unberechenbarkeit ist das Wesen des Menschen.

H-J H Und der Mensch tut alles; um sie zu beseitigen. Sie sagen in Ihrem letzten Brief, lieber Georges-Arthur, ich wolle Sie dorthin bringen, wo Sie nicht seien. An was kann ich mich bei der Suche nach Ihnen orientieren? Doch nur an meinem Bild von Ihnen, wie ich es mir aus der Lektüre Ihrer Bücher zusammensetze und aus Ihren Briefen, die Sie mir begleitend zu unserem Austausch schreiben. Und da erlebe ich nun etwas sehr Überraschendes: Ich wusste nämlich von dem in den Ulk und Quatsch verliebten »GAG« (wie ich Sie ja auf Ihren Wunsch hin in den Briefen nenne) vor Beginn unseres Austauschs nichts. Ich habe mir aus dem Wissen von Ihrem Lebenslauf und aus der Lektüre Ihrer Bücher ein Bild gemacht, an dem ich festhielt. Jetzt kommt also diese andere Ebene hinzu.

G-A G Wie schön, dass es nichts an mir gibt, an dem Sie sich orientieren können. Es gibt nichts an einem Menschen, an dem man sich an ihm »orientieren« könnte, zum Glück, denn sonst gäbe es nur noch vorfabrizierte Menschen, wie sie sich einmal Fourrier vorstellte, wie der Kommunismusmythos sie sich erhoffte. Glauben Sie etwa, dass, so fein ein »psychologisches Porträt« auch ausfalle, es irgendwie dem inneren Selbstgefühl der Porträtierten entspreche; glauben Sie etwa, dass alles so Schöne und Freundliche, was Sie so über mich sagen, irgendwie mit meinem Selbstgefühl zusammenfalle, auch wenn es bestimmt für die anderen völlig richtig ausfällt. Kein Porträt ist klüger, raffinierter, genauer als der *Julien Sorel* von

Stendhal, und doch ist es nicht Julien Sorel, wie er sich fühlt.

So bin ich nicht »in Ulk und Quatsch verliebt«, eine Gebrauchsformulierung, die schon das, wovon sie redet, annulliert. Verliebt ist man in seine Frau oder eine Frau, aber nicht in eine »Tätigkeit«. Was Sie Ulk nennen, heißt französisch »canular«, das kommt aus der Studentensprache, so etwas wie Schalk, aber der ist eigentlich unfair und unehrlich, es ist eigentlich eine heimliche Form der Arroganz. Hie und da eine falsche Quelle angeben oder einen unexistenten Dichter erfinden, macht natürlich Spaß, und mir ganz besonders, vielleicht als Revanche der Schwäche, *sait-on jamais*?

H-J H Warum will ich eigentlich mit Ihnen reden? Um eine völlige Kompromisslosigkeit zu erfahren, vielleicht auch die Desillusionierung eines Dialogs, eines gemeinsamen Herantastens an ein Sujet? Sie haben irgendwie den besseren Part, Sie können höflich oder schroff sein, ganz wie Sie es wollen. Meine Rolle ist immer an Höflichkeit geknüpft. Vielleicht hätte ich an dieser Stelle auch wie Sie geantwortet. In jedem Fall stimme ich dem zu, was Sie sagen: Fragen sind immer in der Gefahr, das zu annullieren, wovon sie reden.

In diesen Tagen fiel mir eine Formulierung von Georges Bataille ein: »Das Sein, das offen ist − dem Tode, dem Leiden, der Freude − rückhaltlos.« Ich nehme an, dass Sie den Denktypus Bataille, diesen »Totalitätsanspruch« und auch das Pathos (vor allem im Zusammenhang mit dem Tod) nicht mögen.

146

Ich habe noch eine scharfe Kritik von Ihnen in Erinnerung, in der Sie Bataille einen »großen Snob des Todespornos« nennen. Wenden Sie sich mit diesem Ausdruck vor allem gegen eine literarische »Verharmlosung« des sadistisch Monströsen im Nationalsozialismus, im Völkermord allgemein? Die Verknüpfung von Erotik, Tod, Tragödie und Pathos reicht ja aber weiter zurück.

G-A G Diese Verbindung zwischen Erotik und Tod habe ich immer als snobistisches Getue abgelehnt, sogar bei Freud scheint es mir eine Eleganz zu sein. An irgendeiner Stelle konnte er im »Denken« nicht weiter, und da kam ihm der Tod als Ausweg. Bataille ist absolut der Typ des Todessnobs, das ist so ein Hang des betuchten Bürgertums des 7. Arrondissements: Nichts ist sexuell erregender als der Tod der anderen. Dadrin steckt auch eine ganze Ideologie der Dienerschaft, mit denen kann man sich doch alles leisten. Der Schlimmste von allen diesen Snobs ist außer Bataille ein kümmerlicher »Aristokrat«, für den es nichts Höheres gab, als ein nacktes Mädchen in der Etage von einem Chinesen im schwarzen Frack abfoltern zu lassen, zum Glück nur in der Phantasie. Paris ist voll solcher Dinereleganten, die nur erigieren können, wenn sie sich ihre Dienstmädchen unter der Folter vorstellen, und dabei ist dieses Pack immer »links«.

Nach dem Krieg (1950) mit *l'Abbé C* war das Kerlchen nur noch das ahnungslose (??) Instrument der nun realisierten Unterwerfung der Intellektuellen. Die geilten sich mit Todesphantasien auf, das war das Ideal des noch fünf Jahre zuvor kollaborationistischen Boulevard Saint-Germain. Pathos ist dabei allerdings wenig im Spiel, es ist eher eine trockene, »erlesene« Sprache, die nur für die »happy fews« elaboriert wurde.

Alle diese »créateurs«, die Respekt verlangten und sich meistens nur in der dritten Person und mit »maître« anreden ließen, wie etwa der lächerliche Jean Cocteau, waren zu jeder Konzession an die Eleganz bereit; vor allem, wenn es um das Sterben der anderen ging. Es war immer bei Klossowski – der nicht mal imstande war, Wittgenstein richtig zu übersetzen – oder solchen anderen eine nur kalte, unsensible, gefühllose, dafür aber teure Erotik, mit langen Autos und Loireschlössern.

Mit Ihrer Formulierung: »eine literarische ›Verharmlosung‹ des sadistisch Monströsen im Nationalsozialismus, im Völkermord allgemein« haben Sie absolut recht, so ist es. Es ging zugleich um die Negation der stalinistischen Verbrechen und um die Negation der Kollaboration. Das »détail« von Jean-Marie Le Pen ist in Wirklichkeit genau das, was das Faubourg Saint-Germain denkt. Zwischen 1941 und 1944 hat es allerdings begeistert mitgemacht, aber sans se salir les mains), aber so viel Ramdam um ein paar Jidds, das gehört sich doch nicht.

Der Lieblingsschreiberling mancher Franzosen ist doch der infame, verlogene Ernst Jünger, der Erznazi, dem der mondäne Verlag Gallimard einen Band der Prestigesammlung *La Pléiade* widmet, und zwar den

148

Kriegstagebüchern. Da auch spritzen die Pariser Intellektuellen ab, wenn sie lesen, dass am Tag der großen Judenrazzia der Kerl in einer Rosenausstellung »weilte«. Die berühmte »Transgression« findet immer auf Kosten der anderen statt, es ist nie eine Transgression des Denkens. Entweder denken sie nach den Befehlen der KPF, so bis 1948 ungefähr, dann denken sie mao und später neonazi unter Führung der Philosophaille. Seit 1945 herrscht in Paris die Unmenschlichkeit unter den salonfähigen Intellektuellen. Der Einzige, der noch Mensch unter Menschen war, Albert Camus, wurde als Philosoph für die Schulklassen abgetan.

H-J H Ich wusste natürlich, dass Sie absolut nicht mit Batailles Pathos der Erotik, der Ekstase, des Todes zu tun haben wollen. Ich müsste auch noch seine Begeisterung für das Heilige hinzunehmen.

Andererseits gibt es doch zum Beispiel in Ihrem Buch *Der bestrafte Narziß* so wunderbare Formulierungen wie: »Das Waisenkind … weiß von sich selber … die Heiligkeit des ICH BIN.« Oder: »Bereits, seit dem ›ersten Mal‹, kennt das Begehren seine Wegstrecke und weiß … im Vorhinein um seine Wiederkehr, seine Wiedergeburt, seine Auferstehung.«

Sind die Erotik und das Begehren nicht immer mit einem Ton des Pathos verknüpft, zumindest solange das erotische Feuer brennt, wenigstens glüht? Auch ein Pathos, das »moralische Gefühlsregungen löscht«? (Sie zitieren ja auch de Sade mit dieser Formulierung im dritten Kapitel von *Der bestrafte Narziß*.)

G-A G Batailles »Begeisterung für das Heilige« ist eine ganz besondere Masche, und vor allem ist *»le sacré«* (Roger Caillois) eher das Sakrale als das sogenannte Heilige. »Sakral« ist vor allem Unterwerfung unter »einer übergeordneten Dimension«, als dessen Vertreter und einzig Autorisierter allein derjenige ist, der davon spricht. *»Le sacré«* ist ein Herrschaftsinstrument, mittels welchem man die Unautorisierten glücklicherweise ausschließen kann, etwas ganz typisch »Francopétainistisches«.

Mit dem Sakralen ist man der Untertänigkeit und des Gehorsams des Personals sicher. »Le sacré« ist vor allem in Frankreich dazu da, um das vulgum pecus einzuschüchtern und das Denken von ihm fernzuhalten. Bleiben wir unter uns, *loin* du *regard des gens de peu.* Kaum etwas ist so gegen Descartes gerichtet wie die miserable Erfindung des Sakralen. Descartes mit dem *Discours de la méthode* und den *Méditations* ist derjenige, der im 17. Jahrhundert nach Montaigne als Erster die Wege eines selbständigen Denkens frei gemacht hat, das wird man ihm nie verzeihen, genau wie den Juden das fünfte Gebot. Die heutigen Pariser Philosophaster, les Heideggeriens de Paris insbesondere (Namen kann sich jeder beliebig aussuchen), konnten nie mit Descartes fertig werden, der ihnen stets den Weg der Autorität versperrt und sie letzten Endes lächerlich macht.

Das ICH BIN ist doch gerade die große Entdeckung Descartes' in der Zweiten Meditation und Rousseau ist ein Erbe Descartes'. Die Heiligkeit in diesem Sinne ist nichts anderes als die Heiligkeit meines Nachbars in der Métro, wir sitzen so nahe, dass wir uns berühren, und doch weiß ich nichts von ihm, werde es nie wissen, auch wenn ich tausend Jahre mit ihm leben würde, nie werde ich in ihn hineinspringen können, nie werde ich wissen, wie er empfindet, denkt, genau, sich freut oder leidet, wie er es von mir auch nicht wissen wird, wir sind uns näher und ferner zugleich als irgendein alberner Gott. Das ist sainteté, Heiligkeit, weit jenseits von allem sterilen und stupiden »Sakralen«.

4. WEITERLEBEN

Vorbemerkung

Diese Gesprächsfolge trägt die emotionale und intellektuelle Spannung der bisherigen Gespräche in sich, auch meine Unsicherheit darüber, welche Themen auf Georges-Arthur Goldschmidts Interesse stoßen und welche er eher ablehnt und unwillig beantwortet. Meine Fragen werden etwas einsilbig. Ich selbst fühle mich in dieser Rolle des »Abfragens« nicht wohl; sie entfernt sich am weitesten von meiner Idee des Dialogischen Sprechens. Diese Folge macht aber schließlich auch die Früchte unserer Dissonanzen sichtbar und wie wir uns gegen Widerstände hindurcharbeiten und etwas dialogisch zur Darstellung bringen wollen.

Hans-Jürgen Heinrichs
Lieber GAG, beginnen wir unser Gespräch ganz einfach. Vielleicht aber nur scheinbar »einfach«, denn die Landschaften, nach denen ich Sie fragen möchte, sind immer auch Seelenlandschaften. Welche Landschaften und Städte spielen in Ihrer Phantasie eine Rolle, wohin möchten Sie gerne reisen?

Georges-Arthur Goldschmidt
Das ist aber eine verzwickte und weitausholende Frage, wie es für Landschaften passt. Natürlich ist alles aus der ersten Kindheitslandschaft entstanden, die auch den Grundhorizont meines »Befindens« ausmacht, sie ist umso präziser in mir umrandet, als ich aus ihr doch ausgeschlossen wurde: eine herrliche von hohen Buchen umrauschte und von immensen Wolken überzogene Holsteinische Landschaft, die mir von den Hitlergaunern verboten wurde und die ich in mir mit mir trage, auf welcher dann, wie auf einem Hintergrund, die anderen Landschaften erscheinen.

Diese erste Landschaft war umso prägender, als mein Vater, der ein begabter Maler war, seine Staffelei in der Landschaft aufstellte und mich das Sehen lehrte, denn

»Sehen« ist alles andere als selbstverständlich. Man muss lernen, das Auge richtig einzustellen, auf einen bestimmten Punkt »zielen«, um welchen sich dann alles herumorganisiert, derart dass »Sehen« etwas ganz Spannendes wird. Auch wollte ich nämlich Maler werden, musste es aber aufgeben, weil ich nicht einmal das Geld hatte, mir die Grundfarben und Leinwand zu kaufen. Aber das Malen ist wie das Reisen, man kommt nie richtig an.

Das Städtebild ist auch von Hamburg geprägt, vom damaligen Hamburg, aber davon habe ich schon in mehreren Büchern erzählt, aber vor allem von Florenz, wohin ich 1938 in die Emigration geschickt wurde, nach Settignano, und die Sicht des Duomo, des Campanile und daneben des Palazzo Vecchio in der Ferne hat mich nie verlassen. Ihre Frage aber ist weltgroß, und damit könnte man, das hat auch die Weltliteratur schon getan, ganze Bibliotheken füllen.

Pontoise in der Nähe von Paris, das auch noch in meiner Erzählung *Ein Wiederkommen* vorkommt, ist auch so ein Grundpfeiler der Phantasie, es ist eine sehr alte, sich an einem Hügelriff herauffressende Stadt, die sich richtig vom Felsen zu ernähren scheint, da haben sie alle gemalt: Cézanne, Pissarro, van Gogh. Diese kleine Stadt, in deren Nähe ich mich mit mir selber herumschleppte, hat eine entscheidende Rolle gespielt, es ist eine Stadt wie aus einem Roman von Balzac, der wie Flaubert für mich eine lebensbestimmende Entdeckung gewesen ist. Beide schreiben konkret mit den Augen, man sieht ihre Stadtlandschaften in sich vorbeidefilieren mit ihren genauen Anblicken, ob sich die Straße nach rechts oder links auskurvt, wie die Häuser sind, ob links Bäume wachsen oder nicht usw. Flauberts *Madame Bovary* war für mich ein atemberaubendes Erlebnis, ein Erlebnis beim Aufbau der inneren Landschaft der Phantasie, es war 1947 gewesen. Alles, die winzigste Einzelheit der Erzählung, stand mir vor Augen, das Dorf, wo Charles Bovary Wundarzt war, Yonville-l'Abbaye stand in mir wie in der Wirklichkeit, und als ich dann Jahre später Ende der siebziger Jahre mit meiner Frau ins wirkliche Dorf fuhr, das für Flaubert als Modell fungiert hatte, es heißt Ry in der Normandie, wurde es eine absolute Katastrophe, es entsprach überhaupt nicht meiner Phantasie, und ich brauchte dann Jahre, um mein Inbild von *Madame Bovary* wieder hinzukriegen.

Meine beiden ersten Erzählungen *Un corps dérisoire* (Ein belangloser Leib) (1971) und *Le Fidibus* (1972), kommen völlig vom Schock, den Flaubert, auch vor allem *Bouvard et Pécuchet* in mir verursacht haben. Solche Abenteuer des Sehens suche ich in Büchern, und lange Reisen brauche ich nicht dazu; Abenteuer des Sehens gibt es überall.

H-J H Wie erleben Sie heute Paris? Mit welchen Gefühlen gehen Sie die Ihnen vertrauten und die Ihnen eher fremden Wege?

G-A G Paris habe ich, wie ich es mehrmals erzählt habe, Ende 1946 entdeckt, daraus besteht eigentlich

Ein Wiederkommen. Paris ändert sich leider immer mehr in Richtung Angeberei und Pinke, es ist noch, aber immer weniger eine herrlich durchmischte Stadt. Heute, da die Wohnungen unerschwinglich werden, gibt es immer mehr russische oder arabische unkultivierte Neureiche, die so viel aufkaufen, wie sie nur ergattern können. In dieser geographisch doch kleinen Stadt (12 km Durchmesser) fahren Millionen Leute herum in immer vollgedrängteren Verkehrsmitteln. In der Stadt herrscht eine unwahrscheinliche Autohektik. Zum Promenieren eignet sich die Stadt leider immer weniger, sowieso gibt es auch immer weniger Bänke zum Sitzen. Die alte Freundlichkeit, auch teilweise eine Legende, gibt es immer weniger; das ändert natürlich nichts an der ungemeinen Schönheit der Stadt mit ihrem herrlichen Strom in der Mitte.

Was die Gefühle anbelangt, kann man sie nur beschreiben, während man sie empfindet, so etwas lässt sich schwer verallgemeinern, das würde ich eher eine Sprachfalle nennen, die Frage scheint einem vorgeformten Fragenmuster zu entsprechen, welches eine spezifische Antwort verlangt, die eben nur falsch sein kann, weil sie sich bemüht, der Frage gerecht zu werden; was man für Gefühle beim Gehen der »Wege« hat, könnte nur innerhalb eines Erzählprozesses beantwortet werden, der dahin führen würde. Ihre Fragen, auch wenn es solche ganz einfachen sind, werfen das interessante Problem der Unbeantwortbarkeit der Fragen auf, das hat mit Ihnen, lieber Hans-Jürgen, nichts zu tun. Wie schon gesagt, die Fragen als solche haben es an sich, dass sie die Antwort verfragen: Das, wonach gefragt wird, existiert außerhalb der Frage und wird in der Frage zu einer Art Umkehrbild. Das An-sich, wonach gefragt wird, ist durch die Frage schon geändert, wie bei der Unschärfereaktion Heisenbergs, wo das Beobachtete von der Beobachtung verändert wird.

Ja, vertraute Wege werden mir schon »fremd« oder besser gesagt »neu«, warum eigentlich »fremd«? (ein merkwürdiges Wort, wo irgendwie etwas Angstvolles mitklingt), wenn ich auf die andere Trottoirseite gehe, und auch das Vertrauteste ist jeden Tag anders, und die »fremden« Wege sind mehr unbekannt als »fremd«.

Das Reisen ist zugleich wunderbar und für mich immer mit einem Druck in der Brust verbunden, es klingt mir immer nach Exil. Meine erste große Reise von Hamburg nach Florenz konnte so sehr die Reise von der Nacht in den Tag gewesen sein, sie war doch die Reise in den endgültigen Abschied von den Eltern und dem Geburtshaus, und jede Reise verunsichert mich ein wenig. Aus diesen Zeiten »Großdeutschlands« kommt keiner ungeschoren davon.

H-J H Das Ende des Exils war für Sie, wie Sie oft betonen, unlösbar mit Ihrer Frau verbunden. Mögen Sie beschreiben, auf welche Weise sie in Ihnen die Erfahrung des Glücks, der Lebensfreude hervorruft?

G-A G Meine Frau ist das große Wunder meines Lebens, sie wusste bereits alles im ersten Augenblick unserer Begegnung, Sie ist ein großzügiger Mensch. Sie hat mich aus dem Exil herausgezogen und mir die innere Ruhe geschenkt, ohne jedoch die Urtrennung rückgängig machen zu können: Der Tag des Exils (1938) bleibt in mir sitzen. Aber sonst hat sie mir alles geschenkt und hat meine sexuellen Probleme der Adoleszenz völlig verstanden. Als wir uns zum ersten Mal trafen, haben wir uns augenblicklich erkannt, wie ich es schon öfters erzählt habe (am Ende von *Über die Flüsse* und am Ende von *Ein Wiederkommen*), und das passiert noch jeden Tag seit über sechsundfünfzig Jahren.

Meine Frau stammt aus einer Anfang des zwanzigsten Jahrhunderts ruinierten Kleinunternehmer-Familie einerseits und aus einer Arbeiterfamilie, die immer politisch (sozialistisch) engagiert war, eine alte Pariser und zugleich Burgunderfamilie, wo immer Witz und Widerspenstigkeit geherrscht haben, eine wundervolle Familie, voll Würde und französischer Widerborstigkeit, die sich immer mit den Pfaffen der Gemeinde angelegt haben. Die Urgroßmutter meiner Frau hat einmal bei der Sonntagsmesse den Pfaffen gemaßregelt, der sich bei der Predigt irgendeinen »wohl« gemeinten Vorwurf gegen das sogenannte »Personal« erlaubt hatte. Es waren einfach freie Menschen, wie oft in Frankreich, die sich nie von den sogenannten »Autoritäten« einschüchtern ließen.

Die väterliche Familie meiner Frau, das waren Protestanten, und die französischen Protestanten sind keine Arschlecker und feigen Kriecher wie die deutschen, es sind meistens freidenkerische Calvinisten, die sich unter Pétain nicht mit den Deutschen kompromittierten.

Mein Schwiegervater war im Widerstand, er leitete das Schiffswesen der Autofabrik Renault und hat etliche Verfolgte und Widerstandskämpfer durch die französischen Kanäle durchgeschleust. Die französischen Pastoren bekommen keine opulenten Funktionärsgehalte wie die deutschen Pfaffen, es sind meistens Menschen in spärlichen Verhältnissen, die aber frei denken können. In Frankreich gibt es, zum Glück, Trennung zwischen dem Staat und den infamen Kirchen. »Glaube« ist Privatsache, die den Staat nichts angeht; das ist die »laïcité«, Wachsamkeit gegenüber allen Versuchen, die Freiheit des Denkens durch Parolen zu ersticken oder zu gängeln, und meine geliebte Frau ist in dieser Beziehung besonders wach und klug, keiner kann ihr was vormachen, sich in schöne Wörter verkleiden. Durch sie werde ich jeden Tag zum Überdenken, zum Zweifel ermutigt. Das Einzige, was sich lohnt, ist die Republik. Jeder Glaube ist Irrweg und sklavische Unterwerfung, sie aber glaubt an nur eins, die Würde und »Menschhaftigkeit« des Nachbars.

H-J H Was erzählen Sie Freunden, Ihrer Frau, Ihren Söhnen von den Texten, an denen Sie gerade schreiben? Lesen Sie ihnen etwas noch nicht Veröffentlichtes vor?

G-A G Nie habe ich die Familie und Freunde mit meinem Schreibkram belästigt, nie rede ich darüber, vor allem nicht mit meinen Söhnen, schon peinlich genug, dass sie es überhaupt, wenn schon, gelesen haben:

Nichts Lächerlicheres stelle ich mir vor als das Genie, das sein unvergessliches, weltgestaltendes Manuskript aus der Tasche zieht und es vorliest: nichts Groteskeres als der »Dichter«, der die »Seinen« mit der »Schönheit« strapaziert. »Dichter«, das ist eine so alberne Figur, dass ich mich, wenn ich das Wort schon höre, am liebsten unter der Erde verstecken möchte: halbgeschlossene Augen, bebende Stimme vor lauter »Transzendenz«. Schlimm genug schon, dass ich überhaupt schreibe und das dem armen Publikum auch noch aufdränge. Schreiben ist ein merkwürdiges Laster, dem man immer wieder verfällt.

Meine Schmöker schicke ich ganz selten an Bekannte, ich finde das indiskret, die Armen müssen das lesen und sich bedanken, das soll anonym bleiben, das Buch soll seinen eigenen Weg gehen, und ich werde doch nicht in den Nachbarladen gehen und sagen, stellen Sie bitte das in Ihr Schaufenster. Ich bin viel zu hochmütig (dafür gibt es im Französischen das wunderbare Wort orgueilleux, das nicht so ohne weiteres seinen Sinn offenlegt). Denn jeder Blamage komme ich sofort zuvor und überziehe die Selbstkritik derart, dass den anderen nur noch Komplimente übrigbleiben (ich habe zur Genüge die französischen Moralisten gelesen).

Auch schreibe ich nie im Café, dass man mich für Nathalie Sarraute halte, ich lese selten draußen »große Literatur«, damit man sehe, dass ich jemand Feines bin. Nie habe ich mich erdreistet, mich als »Schriftsteller« zu präsentieren: Ich bin ein Genie, ihr sollt mich bewundern und gegebenenfalls ernähren; es ist eine Unverschämtheit, von den anderen zu erwarten, sie hätten Genies zu unterhalten. Wenn die Leute das tun, ist das großartig, aber keine »Pflicht« (wie dieses schreckliche Wort heißt).

Übrigens, was das Schreiben an sich betrifft, haben Sie in Ihrem Buch *Schreiben ist das bessere Leben* auf interessante Fragen schöne und kluge Antworten bekommen: Alle diese Ausführungen von Gerhard Roth, von meinem Freund Paul Nizon, von Nathalie Sarraute und den sechs anderen, die ich doch nicht alle zitieren kann, zeigen, so verschieden sie auch alle seien, dass Schreiben keine Rezepte kennt, dass keiner so richtig weiß, was er macht, höchstens, wie. Der ganze Vorgang des Schreibens, ähnlich der kaiserlichen Botschaft, ist immer unterwegs und kommt nie wirklich an.

H-J H In Bezug auf die Sprache gibt es die tiefgründige Formulierung von Jacques Lacan, dass die Sprache ein Instrument der Lüge sei und vom Problem der Wahrheit durchdrungen werde. Wie erfahren Sie dies beim Schreiben, beim Begehen der intimen Landschaft der Sprache, wie Sie einmal in Anlehnung an Joseph von Eichendorff sagen?

G-A G Ich glaube, wenn man schreibt, ohne wirklich zu wissen, wie es auf einen zukommt. Das ist eine schöne Frage, die Sie stellen, man weiß eigentlich niemals, ob man lügt oder die Wahrheit sagt. Denn sobald Sie zu einem gewissen Satz, zu einem gewissen Bild ansetzen, was Sie im Kopf haben, kommt was anderes. Mir ist es selten passiert, dass ich genau das schreibe, was mir vorschwebte. Ich habe eine Idee, oder ein Bild kommt mir und das behalte ich tagelang in mir, und dann, wenn ich das niederschreibe, kommt was völlig anderes. Ich habe nie eine Zeile geschrieben, die ich schreiben wollte, es kommt mir immer anders.

Und ich habe nie gewusst, ob es Lüge oder Wahrheit ist, es ist, was da ist.

Ich bin nur das Durchgangstor zur Sache, aber ich kann nichts dafür. Deshalb kann man auch nicht wissen, ob man lügt oder nicht, wenn man das wüsste, wäre man ein Schmock. Jemand, der weiß, was er schreibt – Wahrheit oder Lüge –, der ist ein Schmock, der ist ein verlogener Schriftsteller, ein schlechter Journalist. Lügt einer mit Absicht, systematisch, dann ist es schon wieder was anderes. Jemand, der lügt, um zu lügen, ist ein Künstler. Aber wenn Sie vor einem Satz stehen und sich fragen, ist das Wahrheit oder Lüge, dann ist es schon zu spät.

H-J H Wir haben schon einmal von der Faszinations-kraft der Sprache und des Wortes gesprochen, von dem, was Jacques Lacan die »Bedeutungsknoten« der Wörter oder was Paul Nizon die »Vergegenwärti-gungsmacht« der Wörter nennt. Gleichzeitig macht doch auch jeder Schriftsteller die Erfahrung, wie sich im Werk selbst, im Prozess des Schreibens, das Wort, das Zeichen verweigert und das Schweigen die Ober-hand gewinnt.

Können Sie Marguerite Duras zustimmen, wenn sie schreibt: »Ein Schriftsteller, das ist etwas Merkwürdiges, das ist ein Widerspruch und auch ein Unsinn. Schreiben heißt auch, nicht zu sprechen. Heißt zu schweigen. Heißt, lautlos zu schreien. Dennoch schreiben, trotz der Verzweiflung. Nein: mit der Verzweiflung. Welcher Verzweiflung, ich weiß ihren Namen nicht. Neben dem zu schreiben, was dem Werk vorausgeht, heißt immer, es zu verpfuschen. Und doch muß man das akzeptieren: Scheitern heißt, zu einem anderen Buch zu kommen, zu einer anderen Möglichkeit desselben Buches.«

G-A G Ja, ich bin völlig der Meinung von Marguerite Duras. Nur das mit der Verzweiflung stört mich ein bisschen, aber sonst bin ich natürlich ihrer Meinung. Aber dieses Verpfuschen gehört dazu, man kann gar nicht anders. Es ist aber auch kein Zwang, so schlimm ist es nicht. Ich würde sagen, Schreiben gehört irgendwie zu einer Art unnützer Selbstironie, aber so tragisch ist es nicht. Das wirkliche Leben ist tragischer.

Ich habe das, unverschämterweise, nie sehr ernst genommen: den Kummer des Schriftstellers. Oder Rilkes Formulierung »wenn du nicht anders kannst«. Ich würde nicht sagen, dass es Pose ist, so unehrlich sind die Leute nicht. Aber es ist nicht wichtig. Wichtig ist das Weinen eines Kindes, der Schmerz, der Tod, eine alte Frau, die auf der Straße stürzt, der alltägliche Schrecken. Aber das Schreiben ist an sich nicht sehr wichtig, glaube ich.

H-J H Aber wenn ich etwa an Primo Levi oder Liana Millu denke, bei denen das Schreiben plötzlich eine Überlebensfunktion bekommt und zum existentiell Wichtigsten wird, verschiebt sich doch die Gewichtung. Oder denken Sie an Ruth Klügers Formulierung: »Schreiben als Weitergehen«. Da wird dem Schreiben eine Dimension zugesprochen, die gar nicht mehr zu trennen ist von dem, was Sie jetzt das Leben nennen.

G-A G Natürlich, da haben Sie völlig recht, aber diese Schriftsteller waren alle im KZ. Ich habe ein herrliches Leben gehabt, ich war im Internat, wurde ab und zu von den Deutschen gesucht, sie haben mich nicht gefunden, ich wurde auf Bauernhöfen untergebracht, mir ist eigentlich nichts passiert. Ich habe eine Luxusverfolgung erlebt, wenn ich so sagen darf. Als Zehnjähriger habe ich meine Eltern verloren, aber ich habe eigentlich ziemlich normal überlebt. Und das meine ich damit. Wie soll ich das ausdrücken? Das Leben, das Überleben ist für mich derart wichtig und heilig, dass ich mich schäme, überhaupt zu schreiben. So würde ich das sagen. Ich schreibe natürlich, wie andere angeln gehen, aber eigentlich schäme ich mich. Ich schäme mich, dass es mich gibt.

Ruth Klüger und Robert Antelme sind fast daran gestorben; ich nicht. Und für mich ist das Schreiben, wie auch vielleicht für Marguerite Duras, eine Beschäftigung gegen die Langeweile, die ich gar nicht kenne, ich habe mich nie auch nur einen Augenblick in meinem Leben gelangweilt.

166

Meine Dankbarkeit, dass ich jeden Morgen aufstehen kann, ist für mich etwas viel Bedeutenderes als das ganze Schreiben. Verstehen Sie, was ich meine? Für mich ist die Tatsache, dass ich noch da bin, eine derart große Überraschung, und ich schäme mich auch dermaßen und freue mich darüber so sehr, dass ich die Schreibtätigkeit nicht absolut ernst nehmen kann. Das ist unverschämt. Diesen Satz von Marguerite Duras kenne ich. Ich habe sie auch persönlich gekannt und wollte ihr das immer sagen, das mit der Verzweiflung wäre übertrieben, habe mich aber nicht getraut.

H-J H Mir gefällt diese Entdramatisierung des Schreibens. Dennoch glaube ich, dass zum Schreiben Pathos gehört.

Noch ein pathetisches Wort: die Einsamkeit. Fühlen Sie sich beim Schreiben einsam? Können Sie aus Ihrer Erfahrung nachvollziehen, was Duras meint, wenn sie bemerkt: »Die Einsamkeit des Schreibens, das ist die Einsamkeit, ohne die Geschriebenes nicht entsteht oder zerbröckelt. Es bedarf immer einer Trennung von den anderen Leuten. Diese reale Einsamkeit des Körpers wird zu der unverbrüchlichen Einsamkeit des Geschriebenen.« Und sie erwähnt dann noch Raymond Queneau, der ihr sehr früh geraten hat, »tun Sie nichts anderes als das, schreiben Sie«. Hatten Sie auch jemanden, der Ihnen dies riet, oder kam das Schreiben, wie Sie zu Anfang schon sagten, doch aus einem anderen Zusammenhang?

G-A G Ja, zuerst einmal, das haben Sie – mit Duras' schöner Formulierung im Hintergrund – wunderbar ausgedrückt. Diese Grenze habe ich wahrscheinlich überschritten, weil ich zugleich Franzose und Deutscher bin. Und zur Frage der Selbstinszenierung, ich stehe Gombrowicz viel näher als Bataille, den ich übrigens nicht gut kenne. Aber Gombrowicz, das ist genau meine Welt, die Welt der Kinderhaftigkeit, des Lächerlichwerdens. Als Jüngling habe ich mich irrsinnig geschämt. Und aus dieser Scham ist das alles entstanden. Im Französischen hat Scham zwei Bedeutungen: »pudeur«, das ist die Scham vor den anderen, und »la honte« ist die Scham, die man empfindet. Das ist für mich ein irrsinnig überwältigendes Gefühl gewesen. Meine Welt ist die von Gombrowicz und von Karl Philipp Moritz. Meine Selbstinszenierung ist wahrscheinlich genau wie die der anderen, aber mit dem Unterschied, dass ich es nicht merke. Ich finde das furchtbar komisch.

Der Schriftsteller, der zappelt über der Leerstelle seiner eigenen Zielsprache und kommt nicht durch. Und wenn er durchkommt, dann ist alles vorbei. Mein Freund, der Dichter Claude-Michel Cluny, hat das mal so ausgedrückt: »il ne reste que la cendre des mots«, es bleibt nur noch die Asche der Wörter übrig. Und das Schöne ist, die Angst oder das Entsetzen vor der leeren Seite. Ich nenne das auch den schiefen Zementblock in der Garage, ein Riesenzementblock, der steht schief in der Aluminiumgarage, das ist das Schreiben, Sie wissen nicht, was Sie damit tun sollen.

H-J H Sie schrieben mir, dass Sie an einer neuen Erzählung arbeiten. Mögen Sie etwas über dieses Manuskript erzählen?

G-A G Ich weiß, dass ich an einer französischen Erzählung kritzele und einen deutschen Text anfange, aber was das wird, davon habe ich nicht die leiseste Ahnung. Man wird immer von etwas überrascht, was man schon lange in sich herumtrug, ohne davon zu wissen. Es stockt sich auf und plötzlich sitzt man am Zeug und schreibt sich mehr oder weniger etwas herunter. Das richtige Schreiben ist das Warten, auf einmal ist das Zeug da, und was aus der Feder kommt, ist wieder etwas ganz anderes. Ich bin nichts Weiteres als mein eigener Sekretär. Ich schreibe immer irgendwie an etwas herum, aber das ist Spielerei, ernst ist nur der Alltag, der einzig lebenswert ist. Die Anderen, das ist das Wichtige. Zwischen dem Tod eines einzigen Menschen und der »Vernichtung« sämtlicher Meisterwerke der Welt wähle ich die »Vernichtung« sämtlicher Werke.

H-J H Gibt es ein Projekt, das Ihnen schon länger vorschwebt und das Sie gerne noch schreiben würden?

G-A G Weiterleben.

H-J H Wie schreiben Sie? Eruptiv, impulsiv? Fangen Sie mit dem Schreiben an, wenn Ihnen der Gang der Handlung und die Tonlage, die Sie wählen möchten, deutlich vor Augen stehen?

G-A G Gang der Handlung? Tonlage? Das alles weiß man kaum im Augenblick des Schreibens, vorher ist noch nichts da, nachher ist es vergessen; ich weiß nicht, wie ich schreibe. Es ist genau wie mit dem Übersetzen: Im Augenblick des Übersetzens ist da plötzlich alles da, es sitzt oder nicht, ringsherum Nebel. Ich weiß nur genau, was falsch ist. Das Richtige, das bleibt immer nur in der unerreichbaren Nähe. Man schreibt doch nur, um nicht schreiben zu müssen. Das Schreiben überdeckt etwas, von dem man genau weiß, was es ist, von dem man unbedingt nichts wissen will; das Schreiben ist nur dein Deckschreiben, ein Schutzschreiben. Das »Autobiographische« ist doch nur der panische Versuch, nicht die »Wahrheit« sagen zu müssen, und zwar so, dass im Autobiographischen etwas nicht stimmt. Der Autobiographierte stimmt, glaube ich, ganz selten mit dem Wirklichen überein. *Le mentir vrai*, das Wahrlügen, wie es der arme Aragon sagte, der sogar zum Lügen gezwungen wurde; Autobiographie ist Lüge, sonst wäre sie doch höchst uninteressant.

H-J H Sie wollten, dass wir noch einmal auf die Philosophie zu sprechen kommen. Wie muss Philosophie sein, damit sie für Ihr Denken und Ihr Leben wichtig ist und Ihren Blick auf die Welt verändert?

G-A G Darüber haben wir uns schon zu Anfang unterhalten. Sie haben aber völlig recht, darauf zurückzukommen, damit wird man ja eben nie fertig, das ist doch der eigentliche »Inhalt« der Philosophie.

Philosophie fängt da an, wo die Sprache nicht mehr mitmacht oder scheitert. Dass sie nicht mehr mitmacht oder scheitert, das erfahren wir erst und nur durch sie, die Sprache. Die philosophischen Formulierungen erkennt man als solche, indem sie nicht ganz mit sich selber zusammenfallen. Es bleibt eine sonderbare Sinnspanne übrig, die man nicht zu fassen bekommt, es klappt nicht ganz, und die Philosophie ist der verzweifelte Versuch, das Ding endlich kapern zu können, und was die Philosophie am Leben lässt, ist, dass sie weiß, dass es nie klappt. Der Philosoph ist der »Philosophie« immer hinterher.

Philosophie ist nicht da, um den Blick auf die Welt zu ändern, dann ist es schlechte Philosophie, sondern einfach, um (umsonst) weiterzumachen. Davon haben wir schon geredet, alle »Philosophien« gebären Diktaturen, das weiß man schon seit Plato, und mit Heidegger wurde es zum absoluten Verbrechen. Kriminelle unter sich, Hitler und Heidegger. Es ist dasselbe Boot mit einer einzigen Obsession, sexueller Herkunft: Juda verrecke. Beide sind das Ergebnis europäischer Verdrängung. Den Heidegger braucht man nur in Völkische Beobachtersprache zu übersetzen, und sofort hat man's.

H-J H Welche Philosophen lesen Sie gern?

G-A G Diejenigen, die schreiben können: Leibniz, Nietzsche, Descartes, Bergson; Max Picard, Schopenhauer habe ich nie gelesen. Ich bin kein Philosoph, weiß aber, dass, wenn ein philosophischer Text nicht den kleinen Peps enthält, jenes Aufzucken, das durch den ganzen Körper zieht, oder wenn man dieses Pepsige nicht errät, es kann auch auf später verschoben werden, dann höre ich sofort auf zu lesen. Würden alle Philosophen so »kurz und bündig« schreiben wie Kafka in seinen kleinen Fabeln, wäre Philosophie durchaus lesbar.

H-J H Sie schrieben mir, Sie begehrten nicht generell gegen die Theorie auf, sondern hätten sofort ein Gefühl des Unwohlseins, sobald ein Zwang dahinterstehe. Es ist also weniger die Theorie, sondern vielmehr die Art, wie man Sie mit einer Theorie vereinnahmen will? Dass man Sie einer scheinbaren Autorität unterordnen will?

G-A G Der liebe Friedrich hat sich da kaum geirrt, alles, auch und vor allem das theoretische Geschreibsel, wird vom »Wille zur Macht« geführt. Eine Theorie, oder besser gesagt die, die sich als solche ausgibt, ist immer Belehrung: Ich, die Theorie (also die Geplapperkonstruktion der »Geisteswissenschaften«), bin an mir selber als Theorie Wahrheit, ich behaupte mich als solche unwiderlegbar. »Geisteswissenschaften«, die nie sehr weit von der Literatur entfernt sind und daher der rein spekulativen und unbeweisbaren Natur nie entkommen, sind auf dem Gebiet des »Psychometaphysischen« nie sehr weit entfernt von der »Psychagogie«, sie spazieren doch immer auf dem schmalen Grat zwischen Phantasie und Quatsch. Aber gerade sie, diese unbeweisbaren und oft willkürlichen Konstruktionen, verlangen Undiskutierbarkeit, Ehrfurcht und Unterwerfung. (Wer bloß hat das so deutsch abgehakte »Konstrukt« erfunden?) Nirgendwo ist die Mystifikation größer als im Bereich der Psycho-Psychagogie, nirgendwo sonst wird mit so viel Untertänigkeit mit dem Schwanz gewedelt als vor den Psychagogen. Dazu sind die Psychagogen die besten Diener der Macht.

Jede Theorie ist Lehre und Belehrung. Sie ist immer die bessere, wenn nicht die beste. Jede Theorie hat Meister und Jünger, die die Lehre nachplappern oder, wenn sie irgendwie Charakter haben, sie verwerfen oder besser noch kaputtmachen. Jede Theorie ist da, um Respekt einzuflößen, man braucht doch nur die Anhänger irgendwelcher Theorie oder irgendwelcher Philosophen sich anzuschauen, es gibt welche, die bis zum Lebensabend jeden Unbekannten ansteuern und sich vorstellen als der, der bei Heidegger im Arbeitszimmer auf der Couch schlafen durfte. Eine Theorie ist nur eine, wenn sie bewundert wird, und sie wird hauptsächlich formuliert, um zu imponieren. Eine Theorie verlangt Glaube und nicht Beweise. Die Theorie verlangt zu allererst Unverständnis, sie ist nur von Wert, weil es welche gibt, die sie nicht verstehen. Ein richtiger »Theoretiker« will um keinen Preis von Unbefugten verstanden werden. Ich, der Theoretiker, bin etwas Besseres als Du. Daraus ist dann die ganze psychagogische, postfreudianische Jahrhundertbavardage entstanden.

H-J H Lieber GAG, wir sind am Ende dieser Gesprächsfolge. Gestatten Sie mir zu fragen: Was bedeutet für Sie der Tod? Denken Sie oft und mit welchen Gefühlen an das Ende des Lebens? Erinnere ich mich richtig, dass Sie einmal schrieben, der Tod sei ein »spurloses, totales Verschwinden«?

G-A G Mit solch einer Frage sind wir doch im Bereich der Banalitäten, alles, was man darüber sagen kann, ist doch vollkommen bedeutungslos dem gegenüber. Ich fürchte mich nicht vor dem Tod, sondern vor dem Sterben. Mit dem Tod fällt man ins Vorgebürtige zurück, ins absolute Nichts, es ist wie eine Narkose ohne Rückkehr. Nach dem Tod kommt nichts, es ist einfach das Verschwinden. Aber darüber zu reden ist doch ziemlich sinnlos.

H-J H Sind Ihnen Ihre Träume wichtig? Träumen Sie viel, führen Sie ein Traumtagebuch und erzählen Sie Ihrer Frau von dem Geträumten?

G-A G Wie jeder andere Mensch träume ich jede Nacht, aber erinnere mich fast nie an meine Träume. Am Morgen sind sie völlig vergessen, davon bleiben manchmal nur vage Schemen übrig. Ich nehme an, dass da eine innere Kontrolle bestens funktioniert.

H-J H Mir hat das gefallen, dass Sie einmal gesagt haben, Sie hätten Ihre Frau »immer wieder erfunden«, bevor Sie sie kannten. Und Sie erwähnen in diesem

Zusammenhang auch – wir haben das früher schon einmal angesprochen –, dass Sie sich in Ihren Vorlesungen gegen Heidegger Dinge ausgedacht hätten, die Heidegger angeblich gesagt habe. Sind die Phantasie, die Erfindung, die Imagination und der Traum die Ebene, auf der das Leben seine innere Freiheit und auch seine Kontinuität entfaltet?

Ich hoffe, Sie verstehen das nicht so, als wollte ich Erlebtes wieder in eine Theorie zwingen. Nein, das will ich nicht. Aber die Sprache führt mich vielleicht ein Stück weit in diese Richtung. Und: Ich soll ja nicht erzählen, nicht weit ausholen – das lockt immer wieder die Begriffe, hervorzukommen …

G-A G Das waren keine Vorlesungen gegen den Heidegger, es waren Vorlesungen über seine vom Nationalsozialismus, bis auf den Grund seines »Denkens«, durchdrungene Sprache, und ich habe Pasticcios von ihm angefertigt, die ich verteilt habe. Es amüsierte mich besonders, die Pariser Snobs zu ärgern, die das französische Denken eindeutschen wollten und dabei kein Wort Deutsch konnten. Leider ist der Pariser Heideggerianismus nur eine Form der Kollaborationsnostalgie der Neopétainisten. Warum übrigens kommen Sie immer wieder auf den zurück, der ist doch nur da für die Schwachen des Geistes, die sich unter dem Schutz der »Denker« (Henker) wärmen müssen?

H-J H Sie waren es doch, lieber Herr Goldschmidt, der darum gebeten hatte, dass wir noch einmal auf die

Philosophie zu sprechen kommen. Was Sie da über Denker / Henker äußern, zeigt mir, wie weit wir voneinander entfernt sind, so, wie Sie es einmal sagen: »Wir wohnen in völlig entgegengesetzten Welten. Sie, Hans-Jürgen Heinrichs, glauben an das ›Geistige‹, ich nicht …«

5. »Das Schreiben erreicht nie seinen Grund, aus dem es entstanden ist«

Vorbemerkung

Dieses Gespräch geht noch einmal auf Georges-Arthur Goldschmidts Kindheit zurück, auf die existentiellen Gefährdungen, die Bedeutung der Erotik und des Schreibens. Außerdem stehen das Verhältnis der deutschen und der französischen Sprache und die Nähe zur Malerei im Mittelpunkt.

Hans-Jürgen Heinrichs
In dieser letzten Gesprächsfolge werden wir noch auf einige bisher ausgesparte Themen zu sprechen kommen und auch Gesichtspunkte, die uns wichtig waren, noch einmal ansprechen. Dadurch entsteht vielleicht der Eindruck des Disparaten. Aber das macht ja nichts, miteinander reden heißt doch auch, sich von den Gedanken mal in diese, mal in eine andere Richtung treiben zu lassen.

Ich denke auch an ein paar Zeilen, die Sie mir kürzlich schrieben: »Im Ganzen war es sehr schön, gerade wegen der Konflikte, die vieles gegenseitig offenbart haben.« Ja, unsere Turbulenzen! Einmal schrieben Sie mir: »... wie sehr Sie mich angeregt haben und dass unsere Differenzen äußerst fördernd und produktiv sich auswirkten ... seien Sie zu Recht (und Unrecht) auf mich sauer und böse. Liebe trotzdem oder gerade.«

Also drehen wir noch ein paar Runden.

Sagen Sie, wie kommt es, dass Sie, anscheinend problemlos, in ein Land immer wiederkommen, das Sie als Kind ins Exil trieb, dann nach Ihrem Leben trachtete, sie abholte, einzig weil sie geboren wurden, nach

Auschwitz bringen wollte, um sie zu vergasen, wie das Deutsche es so umstandslos ausdrückt?

GEORGES-ARTHUR GOLDSCHMIDT
Schön, auf einmal eine einfache, vollkommen freie Frage!

Im Gegensatz zu Dantons Spruch, man nimmt nicht sein Vaterland an seiner Schuhsohle mit (*on n'emporte pas sa patrie à la semelle de ses souliers*), habe ich jedenfalls meine mir verbotene Sprache mitgenommen, die wollte ich doch nicht dem Hitler, den Deutschen so ohne weiteres überlassen. Sie blieb in mir total erhalten, und als man mir zur Vorbereitung auf den ersten Teil des Abiturs deutsche hektographierte Texte zum Übersetzen gab, fing ich zu heulen an vor Verzweiflung vor diesen endlosen Wörtern. Es waren Texte von irgendwelchen deutschen »Respektpersonen«, die Ihnen bestimmt gefallen: Korff, Gundolf, Bertram oder wie die alle heißen. Und als man mir sagte, ich solle mal richtig hinschauen, entdeckte ich, dass alle diese langen, feierlichen, so »imponierenden« Sätze nur aus den kleinen, jedem wohlbekannten Alltagswörter bestanden, und musste auflachen vor so viel stupider Prätention. Es war alles ganz einfach, aber diese Einfachheit durfte nicht sein, es galt doch, dem Volk zu imponieren, und es ist kein Wunder, dass die deutsche Universität so gerne an der Hitlerei mitgemacht hat; das Konfuse, anscheinend Komplizierte will die deutsche »Intelligenzija«: Wie nobel wir sind, wie hoch wir stehen. Heinrich Heine und Friedrich

Nietzsche haben das alles vor langer Zeit viel besser als ich schon gesagt.

Ins Land, wie schon öfters erzählt in *Der Spiegeltag* (den Handke übersetzt hat), in oder vor kurzem in *Ein Wiederkommen*, kam ich nicht gerne wieder, es war alles so steif, so unterdrückt, verdrängt und »anständig«, dass man richtig Angst kriegte. Es war das Land, wo keiner was wusste, niemand etwas gesehen hatte, wo alle in der »inneren Emigration« und dagegen waren.

Schön und frei wurde es gegen Ende der sechziger Jahre. Auf einmal taute Deutschland auf und wurde so völlig demokratisch, eine absolute Modelldemokratie. Das heutige Land hat mit dem vorigen nichts mehr zu tun, und kein anderes in Europa hat sich derart mit seiner furchtbaren Vergangenheit auseinandergesetzt, aber kein anderes auch hatte eine solche.

H-J H Da wir nun auf diesem Gebiet schon sind, mich interessiert es zu wissen, warum Sie eigentlich recht spät, Ende der siebziger Jahre des vorigen Jahrhunderts, anfingen, deutsch zu schreiben, wo Sie doch schon mehrere Erzählungen und Bücher über die Sprache Freuds, über Molière und Jean-Jacques Rousseau geschrieben hatten.

G-A G Wie jeder Jüngling fing ich als Siebzehnjähriger zu poetisieren an. Ich las Verlaine, Rimbaud, vor allem den *Aufenthalt in der Hölle*, den ich sofort zu gut verstand; wer ähnliche Erfahrungen machte, weiß, worum es geht, dazu hatte ich auch einen Verlaine gehabt. Da ist aber Poetik wie bei Celan etwas »Existenzielles«, das außerhalb der Literatur liegt, aber die große literarische Entdeckung war Flaubert und *Madame Bovary*: die Präzision der schlackenlosen, absolut treffsicheren Sprache, ich konnte davon Passagen auswendig.

Natürlich schreibselte ich immer weiter, bis ich dann spät meine ersten Erzählungen schrieb, von denen schon die Rede war. Ich kam im Erzählen immer weiter, bis in die Jahre 1945−1949. Ich hatte damals als völlig verwirrter Jüngling meine ersten markanten homophilen Erlebnisse, auf die ich erst dreißig Jahre später zurückkommen konnte. Auf einmal, weil es sich doch in Frankreich im Internat abspielte, schrieb ich, ohne sofort zu merken, dass ich auf Deutsch weitermachte, es wurde daraus *Die Absonderung*.

Lange habe ich mich selber gefragt, wie das kam, ganz einfach, weil es nicht um Deutsches ging, wurde die Sprache für mich wieder schuldlos. Das Französische hat mir das Deutsche zurückgeschenkt, die französische Sprache hat für mich meine »Mutter(!)sprache« wieder brauchbar gemacht.

H-J H Es ist wohl eine Besonderheit im Verlauf unserer Gespräche, dass Sie meine Fragen jetzt so befreiend finden, während ich eher etwas unzufrieden bin. Vielleicht liegt es daran, wie Sie mir einmal schrieben: »... wir wohnen in völlig entgegengesetzten Welten ... Sie glauben an das ›Geistige‹, ich nicht ...« Aber ist das wirklich so?

Sie erwähnten gerade das Internat, das in Ihren Erzählungen immer wieder vorkommt, zuletzt in *Ein Wiederkommen*, und vor kurzem in einer kleinen französischen Schrift zu *Anton Reiser*. Mögen Sie noch einmal über die Internatszeit sprechen?

G-A G Die Mischung aus landschaftlicher Freiheit im Hochgebirge und strengster Erziehung, Rute und Gerte waren an der Tagesordnung, und dazu der deutsche Okkupationsterror in Hoch-Savoyen ab 1943 verursachten eine sonderbare Existenzschärfe. Es galt immer, auf der Hut zu sein, sich möglichst nicht aus den Augen zu verlieren, um entweder nicht bestraft zu werden oder sich nicht der Gefahr auszusetzen. Man wird zu einer doppelten Wachsamkeit gezwungen, man weiß von der Gefahr von außen und von der Drohung von Innen, so dass diese Umkreisung des Ich es an sich selbst zum Vorschein bringt; man existiert anders, wenn man weiß, dass es einen nicht geben darf, wie es die lieben Deutschen entschieden haben.

Das blieb jedoch sitzen nach der Befreiung Frankreichs, man fühlte sich dann überlebensschuldig doch gerade zu einer Zeit des Erwachens der Erotik, die als Siebzehnjähriger nur noch intensiver wurde als unerschöpflicher Stoff des Schreibens: Landschaft und Erleben, mehr braucht man nicht, davon kann man sich nie losschreiben. Die Exaltation des Wartens auf Strafe von Frauenhand, die Freiheit dabei in der immensen Berglandschaft, das Geheimnis, das man in sich selbst trägt, das ständige Selbsttheater, das man sich selbst vorzeigt als Solozuschauer, teilt das Leben in höchste Komik und in Dramatik ein. So wird man durchgeschüttelt, wie der junge Anton Reiser, im ständigen Wechsel zwischen welterlösender Begeisterung und verweinter Depression. So lernt man dabei allmählich, sich selbst auf Distanz wahrzunehmen. Es war damals auch die Zeit der Verfressenheit, man dachte an nichts anders als ans Fressen. Ich verkaufte die Kleidungsstücke meines großen Bruders, der im Elsass für die Befreiung Frankreichs kämpfte, gegen eine Dutzend Eier, die wir dann im Schlafsaal auf einem Spirituskocher in Konservendosen brieten, so etwas hat (nicht: macht) Sinn.

Ohne körperlich auch erotische Internatserlebnisse hätte ich mich nicht vom ununterbrochenen Kummer des Heimwehs befreien können. Vor Heimweh kann man sterben, und mein Heimweh verdankte ich einzig meinen lieben »Volksgenossen«. Schreiben, bei mir, ist Selbstpflege, und als wohlversorgter Lebensschmuggler, als illegitimer Trittbrettfahrer der Existenz finde ich das alles irrsinnig witzig, als sehe ich mich vom Fenster über die Straße gehen, das Schreiben gehört zu einer Art strategischem Zynismus, als negativer Selbstschutz. Ich spotte über mich selbst, mache mich selber herunter, damit ihr es nicht zu machen braucht.

Was mich, wie gesagt, fasziniert, ist, dass man sich immer selber dabei mithat, sogar auf dem Klo, wie bereits gesagt. So kann ich mir eine Selbstironie erlauben, die sich der liebe Anton (*Anton Reiser)* eben nicht leisten konnte, mit dem einzigen Unterschied, dass ich von der Zukunft weiß, dass die schöne »Endlösung«, die die stupiden und schwergeistigen Deutschen nicht zu Ende bringen konnten, nun zum Glück vom Islam durchgeführt werden wird, zum großen Endwohl eines schon längst selbstermordeten Europas.

H-J H Wir bewegen uns nun auf das Ende unserer Gespräche zu und werden auf einiges, wie Ihre Einschätzung des Islam, die ich nicht teile, nicht näher eingehen können.

Ich möchte noch etwas Grundsätzliches sagen. Einmal schrieben Sie mir: »Aus irgendeinem Grund bin ich Ihnen gegenüber oft ungerecht und arrogant gewesen ... jetzt finde ich es beinahe traurig, dass das Ganze schon zu Ende ist. ... Erst im Nachhinein wurde man am anderen klug. Alles Liebe, in Freundschaft, jetzt, wo jeder die Sprache des anderen versteht.« Vielleicht darf ich ergänzen: ... wo jeder die Sprache des anderen besser als zu Anfang versteht, ohne zu meinen, das »Selbstgefühl des anderen« zu kennen.

Die Selbstbezogenheit ist die Voraussetzung des Miteinandersprechens, aber natürlich auch eine Barriere. Ich fände es schön, wenn Sie noch einmal über Ihre Erzählungen sprechen könnten, die ausschließlich selbstbezogen sind. Und dabei bleibt doch der Blick des Erzählers auf die Welt frei, eine »Welt mit Reißverschluss«.

G-A G Ja, da haben Sie schon recht, aber jeder steht doch mitten in der ihn umgebenden Welt. Selbstbezogenheit ist der Ausgangspunkt der Wahrnehmung überhaupt, aber Selbstbezogenheit ist etwas ganz anderes als Nabelschau; jedes Schreiben ist Schreiben von jemandem, der irgendwie durchschimmert, auch wenn er von etwas völlig anderem redet. So ist Balzac immer dabei, es ist fast so, als ob man ihn mitsehe.

Bei jedem ist die Welt immer dabei, und man kann noch so auf das Alleinsein tun, man ist immer dabei, aber eben nur dabei. Auch wenn Sie über ein Urtrauma oder aus ihm heraus schreiben, bleibt das nur *faux-semblant*, ein »als ob«. Herta Müller sagt das sehr schön in *Der Fremde Blick*. Sie schreibt: »Nachdenken, Reden, Schreiben sind und bleiben Behelfsmäßigkeiten, das Vorgefallene treffen werden sie nie, nicht einmal ungefähr.«

Man kann sich noch so abmühen: Der Schreiberling ist wie der Reisende, der durch den Gang des fahrenden Zuges zurückläuft in der Hoffnung, den Abfahrtsbahnhof wieder zu erreichen. So bleiben einzig Ironie, Witz oder Zynismus übrig, aber auf keinen Fall »tierischer Ernst« oder »Metaphysik«. Das Schreiben erreicht nie seinen Grund, aus dem es entstanden ist.

H-J H Da sind wir an einem sehr wichtigen Punkt angelangt: das Schreiben und sein Grund, die beiden Sprachen und das Exil.

G-A G Das Exil ist selbstverständlich die Grundachse meiner ganzen Schreiberei und vielleicht auch der Grund, warum ich nicht Maler wurde. Meine Ausgangslandschaft wurde mir nämlich gestohlen und von den Nazikriminellen verboten. Dann später in der Pariser Gegend hatte ich nicht das nötige Geld, um Ölfarben zu kaufen und vor allem nicht den nötigen Schwups, um auf Pump zu vegetieren. Das Urverbot, das mich immer begleitet hat, ist auch sozusagen die landschaftliche Quelle meines Schreibens geworden, so wurde es Wortmalerei. Worauf es mir ankam, war, mit dem Auge zu schreiben, und mein Modell (Eitelkeit kennt keine Grenzen) war kein anderer als Flaubert. Der wiederholte Besuch des Impressionistenmuseums (damals die Orangerie) hatte zusammen mit Flaubert das berühmte Licht der Île de France, gestaltete das Farbschreiben. Dahinter stand aber unentwegt das Gefühl der Illegitimität, der Unzugehörigkeit, auf die niemand jemals in Frankreich anspielte, ganz im Gegenteil. Auch die französische Staatsangehörigkeit ändert nichts an diesem eigentlich heiteren Unwohlsein.

Das Schreiben setzte natürlich französisch an mit fürchterlich schlechten Gedichten, wie sie es doch fast immer sind, und die, zum Glück, alle verschwunden sind.

Das Französische schenkt einem nichts, da in dieser so alten, sorgfältig in allen Winkeln durchgeharkten Sprache schon alles besetzt ist und man bei jeder Intuition unvermeidlich auf Klischees stößt. Daher die Schwierigkeit des Schreibens, welches eine intime Kenntnis der schon besetzten Sprachzonen verlangt, damit sie anders benutzt werden können als sie aussehen. Lange muss man suchen und warten, bis man endlich die passende Konstruktion oder Wortwahl entdeckt.

Die französische Sprache hat wenig anschaulichen Wortschatz zur Verfügung, man braucht gewisse Worte oder Wortzusammensetzungen, nicht, weil sie so selbstverständlich sind, dass es nicht nötig ist, sie zu haben: so z. B *sortir* bezeichnet sämtliche Arten des Sichentfernens von einer Stelle, wo man gerade war (Ausfahrt, Ausflug, Ausgang). Für Bewegungen dieser Art gibt es nur Allgemeintermini: Es ist nicht nötig zu betonen, wie der Vogel ins Zimmer kommt, es ist doch sicher, dass er nicht auf dem Fahrrad kommt. So auch für »backen« und »kochen« ein einziges Zeitwort *cuire*. Solche Beispiele könnte man ad aeternum fortführen. Dagegen aber unterscheidet die Sprache vom Opfer und vom Geopferten (*sacrifice* und *victime*) wie alle anderen europäischen Sprachen auch. Aber wie schon erwähnt, einzig das Deutsche kann diesen Unterschied nicht zeigen, das bleibt nicht ohne Konsequenzen und weist, ob man es will oder nicht, auf einen heidnischen Hintergrund hin, wie er vielleicht den NS ermöglichte.

So ist das Französische die Sprache, in der für mich das Schreiben überhaupt entstand, und innerhalb dieses festgelegten Grundsatzes findet das Deutsche seinen Platz. So ist das Deutsche vielleicht nur die illustrierte Form des französischen Schemas; es ist, als ob meine deutsch geschriebenen Erzählungen eine Weiterführung bedeuten, sie sind wie die ausgefüllten Leerstellen meiner französischen Texte.

Im Gegensatz zum Französischen ist die Gefahr des Deutschen im *trop plein* der Überfülle von Sprachressourcen, die jedem erlauben, seine Sprache aufzumontieren, wie er will: Wörter gibt es Millionen, jeder stellt sich seinen eigenen Wortvorrat zurecht; jeder kann sich nach Belieben Vokabular fabrizieren. Mit der deutschen Sprache kann man alles sagen, erfinden und erträumen. Dazu kommt die Erkennbarkeit des jeweils Gesagten.

Das Deutsche besteht aus »durchsichtigen Wörtern«, wie Hans-Martin Gauger das nennt. Die Komposita sind direkt mit der Sprache selbst hergestellt, meistens ohne den Umweg über das Lateinische oder das Griechische (Ophthalmologist und Augenarzt). Daher der sprachliche Reichtum, in dem man bloß hineinschaufeln muss, um alles zu finden, so dass man ruhig ins Grenzenlose kommt und dem metaphysischen Überschwang verfällt. Das Deutsche ist, die Geschichte hat uns das gezeigt, eine gefährliche Sprache, die mit Vorsicht zu genießen ist. Im Deutschen gilt es, so wenig von den Sprachofferten zu behalten wie möglich und vor lauter Bäumen den richtigen zu treffen. Dagegen ist das Französische eher spärlich und schütter, den Baum kann man nicht verfehlen, nur schießt man fast immer daneben.

Das Schreiben setzt nicht in beiden Sprachen gleich an. Man fängt anders an, man tritt auf die Bühne, von links im Deutschen und von rechts im Französischen. Im Deutschen fängt man mit dem Wind an und im Französischen mit den Blättern, der Zugang zum Schreibstoff ist ein ganz anderer, aber das kann man so wenig beschreiben wie den Vorgang des Übersetzens. Dasselbe kommt anders in der einen und der anderen Sprache, die Farben sind ganz andere. Das habe ich schon öfters geschrieben, und es ist immer ein wenig lächerlich, sich selber zu zitieren: Das Deutsche ist eine grüne Sprache für Frühaufsteher, die nach Osten blickt, das Französische eine rötliche Abendsprache, die nach Westen schaut.

H-J H Vieles war mir an unserem Austausch wichtig. Vor allem Ihre Kraft des Erzählerischen und wie Sie diese in die Sprache der Psychoanalyse bringen. Wer wird mir in Zukunft schon schreiben, dass die deutsche Sprache nach Osten und das Französische nach Westen blicke? Der Abschiedsschmerz aber ist ja auch, zum Glück, gemischt: Wie oft haben Sie mich wütend gemacht, wenn mich eine Aggression traf, die nichts mit mir zu tun hatte. Aber dann schrieben Sie mir: »Nochmals bitte ich Sie um Entschuldigung, Sie waren überhaupt nicht gemeint, im Gegenteil, da war etwas Verdrängtes, eine Festung, hinter dieser ›hohen Kunst‹, es klang unwahr … diese Selbstverschleierung … Ich wünsche Ihnen eine friedliche Nacht mit schönen Träumen, Ihr Freund (ja).«

Ich lernte zu verstehen, dass Ihnen etwas als unwahr vorkam, wenn ich versuchte, Zusammenhänge herzustellen, die sich irgendwie geisteswissenschaftlich anhörten. Aber das lag auch daran, dass Sie es nicht mochten, wenn ich zu persönlich von mir sprach (»Ihre Befremdung und Ihre Begeisterung sind nicht das Gesprächsthema«), ich mich also selbstverschleierte – aber nicht, weil mir das entsprochen hätte. Dann änderte ich wieder den Tonfall, und prompt kam Ihre Reaktion: »... auf einmal ist Ihre Wahrheit da, wunderbar ... kein Wortgeplänkel.«

Ich beziehe noch einmal Ihre Nähe zur Malerei mit ein.

Ist es für Sie auch so, dass Ihnen die von Malern gezeichneten und von Schriftstellern beschriebenen Orte und Landschaften oft realer erscheinen als in der »Realität«, ja, dass sie allererst durch die Maler »real« wurden, seit uns Cézanne die Provence, van Gogh Arles ... zu sehen gaben? Sind die Werke der Kunst und künstlerischen Geographie nicht »genauer« als Atlanten und Globen?

G-A G Ende 1946 kam ich in diese kleine uralte Stadt, der Île de France. Sie ist über dem Oisefluss auf einer Art Riff gebaut, alte steile Straßen klettern den Hügel hinauf, oben eine wunderbare Kirche an zwei schiefen Plätzen, die Idealstadt für Balzac, ich habe sie auch mehrmals beschrieben.

Ich wohnte in einem Heim in der Nähe und fiel da beim zweiten Teil des Abiturs zweimal nacheinander durch. So hatte ich das Glück, zwei Jahre lang denselben Zeichenlehrer zu haben. Er kam schwer verwundet aus dem Ersten Weltkrieg zurück und konnte nur gekrümmt gehen. Er war eine erstaunliche, geniale Persönlichkeit, dem ich und anderen auch unendlich viel verdanke. Er hieß Stéphane Armand, damit er nicht ganz in Vergessenheit gerät. Bei ihm in der Zeichenstunde habe ich nie einen Bleistift in der Hand gehalten, aber alles gelernt, was man lernen konnte über Malerei, über Farben, ihre Komposition, ihre Zusammensetzungen, über Kunstgeschichte. Dazu hatte er auch manche Maler der Zeit kennengelernt oder mit ihnen gearbeitet: Robert Delaunay, Georges Braque, Raoul Dufy.

Vor allem zu einer Zeit, ganz kurz nach der Befreiung, in der es wirklich nichts gab, und vor allem ganz wenig zu essen, außer in gewissen limitierten Kreisen, wusste man nichts von moderner und gegenwärtiger Kunst. Armand zeigte uns (wir waren zwei Schüler nur, es war Wahlfach) Abbildungen von van Gogh, Cézanne, Monet und allen Impressionisten, und die Stellen, die sie gemalt hatten, kannte ich alle. Nicht die Ähnlichkeit fiel auf, sondern das ganz andere desselben.

Sie haben recht, man sieht Landschaften erst richtig durch die Malerei, die die Realität real macht und sie völlig umgestaltet. Bei den Impressionisten gibt es noch einen vermeintlichen Bezug zur Realität, wo es sich doch nur um Konkordanzprobleme zwischen Formen und Farben handelt. Wie macht es die Landschaft bloß, um Landschaft zu sein? Wie ist ein Baum Baum, eine Brücke Brücke? Bei van Gogh war das Problem schon weit überholt, es war Malerei an sich, Farbe und Linien gewordene Begeisterung. Es war gerade die ungeheure Schrift von Antonin Artaud: *Van Gogh, le suicidé de la société* (Van Gogh, der Selbstgemordete der Gesellschaft) erschienen, eins der größten und großartig vehementesten Bücher über den Schaffensprozess überhaupt (kaum fünfzig Seiten lang). Daraus ist wahrscheinlich mein eigenes Schreiben überhaupt richtig als zukünftige Möglichkeit entstanden.

Im selben Winter haben wir, ein Freund und ich, davon habe ich in *Über die Flüsse* schon erzählt, erst im Friedhof von Auvers das völlig überwachsene und schon lange (wegen der Okkupation) vergessene Grab der Brüder van Gogh lokalisiert, den Efeu durchsägt. Dann, im Frühling, wurde das Grab freigemacht. Aber das wichtigste Erlebnis bleibt natürlich bis heute Cézanne, der den Aufbau der Welt gemalt hat, *Les assises du monde.* Peter Handke schrieb darüber *Die Lehre der Sainte-Victoire,* einen schönen Text, den ich mit großer Freude übersetzt habe. Damals wusste ich nicht, dass er eine ganz schlimme Attacke ad hominem enthielt, von der ich leider nicht wusste, wem sie galt. Vielleicht hätte ich mich dann geweigert, diesen schönen Text zu übertragen.

H-J H Ist mein Eindruck richtig, dass ich in der Art, in der Sie Landschaften »beschreiben«, den Maler (der Sie eigentlich werden wollten) erkenne, der Landschaften nicht beschreibt, sondern eben malt? Die Formulierung »kubische Nacht« in *Ein Garten in Deutschland* erscheint mir da nicht zufällig zu sein.

G-A G Das ist ganz richtig, die Wörter kommen nachher, wenn die »Arbeit« bereits gemacht ist, das heißt, wenn die Bilder im Kopf festsitzen. Sie müssen erst aber entwickelt werden, und die ganze literarische

Arbeit ist eine ganz langsame »mise au point«, es dauert lange, bis ich die richtige Einstellung, die nötige Blende gefunden habe, es ist aber immer völlig wortlos, es sind so stumme Massen im Kopf. Ich nenne das »Innerköpfigkeit«, es ist die berühmte »Blödheit«, es besteht aus vagen Bildern, die man nicht los wird.

Meine ganze Schreiberei kommt von einer von innen gesehenen Mauer, hinter welcher ein Pferdewagen mit Rückschaufenster und Haube fährt, den man im Dreiviertel von hinten sieht, mit einer dicken Frau auf dem Bock und Milchkannen im Wagen. Das habe ich ständig vor den Augen, daraus kommen alle anderen Bilder, das Bild wird aber nie irgendwo vorkommen.

Die Wörter kommen auf einmal nachher, wenn das Innenkino zumacht, sie sind nur das Dumme der Sache, sie drücken trocken das Feuchte aus, sie sind impotente Ersatzteile, die aber genau hineinpassen sollen. Statt wunderbar geschliffene Motoreinsätze aus Silber zu haben, hat man sie aus ganz schlechtem hohlem Blech, das aber hineinpasst.

H-J H Wir sprechen meist so unbedacht und scheinbar selbstverständlich von »Sehen«, ohne das vibrierende Ineinanderspielen des aktiven Zugehens auf Gegenstände, Menschen, Landschaften und des passiven Aufnehmens zu bedenken. Im Begriff des »Sehers« und des »Schauens« wird ja die weite Dimension deutlich. Wie Sie Räume sehen, Räume mit der Sprache gestalten: Ist da nicht sehr stark der Maler in Ihnen am Werk?

194

G-A G Bestimmt. Der Raum oder besser der französische »l'espace«, das ist etwas ganz anderes, viel geräumiger und ohne das Vertikale, das man in »Raum« mithört oder sieht. *L'espace*, das ist das Weite, das wie Frankreich ins Meer sticht. Ich habe immer den Eindruck, dass es kontinentale Sprachen wie das Deutsche gibt, feste gemauerte Sprachen, denen man nichts antun kann und die alles genau machen, und andere, die wie das Französisch den Schiffer frei segeln lassen, und es ist seine Sache, ob er ankommt oder nicht. Das ist nur ein »Sprachbild«. Sprachen kann man nicht nach einem Allgemeinbegriff definieren. Sprachen sind lebendige Wesen, und jede Charakterisierung erfasst immer nur einen momentanen Aspekt, man kann es auch ganz anders auffassen.

Darüber habe ich schon viel gesabbelt, in meinen Freudbüchern: Der Raum ist im Deutschen besonders genau dargestellt durch Zeitwörter wie legen, liegen, stellen, stehen, fahren, und die vielen Präpositionen, die es im Französischen nicht gibt, weil jeder sofort versteht, was gemeint ist mit unpräzisen Wörtern. Und so kommen wir wieder zur Räumlichkeit in der Malerei, von der schon weiter oben die Rede war. Auf den ersten Blick unterscheidet man flämisch-burgundisch-kaiserliche Malerei von der französischen und der italienischen, als ob der Zugang zum Raum anders verlaufe. Mein französisches Schreibauge sieht ein ganz anders als mein deutsches, was natürlich Übersetzungsprobleme stellt: Was ich schreibe, kann ich nicht immer übersetzen.

H-J H Ich las unter diesem Blickwinkel in diesen Tagen wieder Ihre Trilogie *Die Absonderung* (1991), *Die Aussetzung* (1996) und *Die Befreiung* (2007) und war, wenn ich das so sagen darf, »überwältigt« von dem Sog, der einen von den ersten Seiten an in die Geschichte hineinzieht und nicht mehr loslässt.

Als Leser werde ich, wie als Betrachter eines Bildes, in die Bewegungen und Wahrnehmungen der Hauptfiguren einbezogen, z. B. in dem Band *Die Befreiung*: »Und nun, es war der 17. September 1944, stand der Knabe da mitten auf der Abkürzung, mit den ungeheuren Kreisen der ausgebreiteten Landschaft um ihn herum, so groß, dass …«

Welche Erfahrungen machen Sie, wenn Sie heute Ihre Trilogie wieder lesen?

G-A G Überhaupt keine, ich vermeide es wie die Pest, meine eigenen Bücher wieder zu lesen. Erstens ist es außerordentlich lächerlich, ab und zu schaue ich rein und klappe es wieder zu, es ist so albern, dass ich nur lachen kann. Seine eigenen Bücher lesen ist wie mit offener Tür auf dem Klo sitzen. Man hat sie geschrieben, um sein inneres Zeug loszuwerden und es auf die armen Leser zu kippen, die sollen damit fertigwerden.

Zweitens verschwindet das Gedächtnis mit dem Schreiben, was man geschrieben hat, ist aus dem Gedächtnis ausradiert. Würde ich heute wieder mit den Erinnerungen anfangen wollen, hätte ich Schwierigkeiten, das nötige Material in mir wiederzufinden und die unzähligen gemachten Notizen, ich hab mehr als hundert Notizhefte voll, die ich absolut unfähig bin wieder anzuschauen und die nur ausgetrocknete Wörter enthalten.

Ich bin gerade dabei, eine andere Zeit zu erforschen, und so lange sie nicht geschrieben ist, wimmelt es in einem. Für mich, was Sie die Trilogie nennen, die gehört den Lesern, mir nicht mehr, ich kann damit nichts anfangen. Ich habe aber den Kopf voll von gärenden Sachen, von denen ab und zu was überläuft, und wenn ich es aufschreiben will, kommt etwas völlig anderes.

H-J H Lieber GAG, gestatten Sie mir, noch abschließend eine Volte zu schlagen von dem Maler in Ihnen (dem Erzähler) zu dem Essayisten in Ihnen.

Wenn ich nichts von Ihrer Aversion gegen Theorie und gegen das Heranziehen von Geistesgrößen wüsste, würde ich Ihnen, bewundernd, sagen, wie gelehrt, wissend, souverän Sie in Ihren Büchern als Kenner der Literatur, der Philosophie und der gesamten Geisteswissenschaft auftreten.

So zum Beispiel in dem Band *In Gegenwart des abwesenden Gotte*s (Sie schweifen von Pascal über Foucault, Rousseau, Bergson und die Mystiker ... bis zu Karl Philipp Moritz, Wilhelm von Humboldt, Heine ... ja, und sehr positiv, zu den Psychoanalytikern). Oder in Ihrem wunderbaren Molière-Buch. Ist das nicht im besten Sinne »gelehrt«? Oder *La Matière de l'écriture* und Ihr Essay-Band *Der bestrafte Narziß*, der mir in den neunziger Jahren ganz wesentlich den Zugang zu Ihrem Werk eröffnete? Liegen einige dieser Bücher für

Sie so weit zurück, dass Sie den damals angeschlagenen »Ton« heute gar nicht mehr mögen? Wie lesen Sie selbst diese Bücher heute?

G-A G Das nicht erzählende Schreiben stammt aus demselben inneren Elan und für mich ist es dasselbe *La Matière de l'écriture* wurde (nicht besonders gut) unter dem Titel *Der Stoff des Schreibens* übersetzt. Molière entdeckte ich erst, zum Glück, sehr spät, so dass ich ihn mit ganz neuen Augen lesen konnte.

Wenn, was man liest, einen nicht ändert, nichts in ihm erwachen lässt, nicht das zugefrorene Meer in einem durchschlägt wie, glaube ich, Kafka ungefähr sagt, dann soll man es bleiben lassen. Entweder zupft das Gelesene eine Saite an oder nicht, und egal, ob es »Theorie« oder irgendetwas anderes sei, es geht nicht darum, »gelehrt« zu sein oder nicht. Es geht darum, seine eigene Reflexion zu finden, es geht darum, genau zu wissen, was man weiß.

Niemals in meinem langen Leben habe ich etwas gelten lassen, weil man mir sagte, es sei »schön«, »bedeutend«, »unerlässlich« usw. Man kann mir sagen, Mozart sei der Gipfel der Musik, so eine Meinung respektiere ich nie, glaube ihr nie. Ich lasse mir nichts aufdrängen.

Ich gehöre zu den Lesern von Descartes und des *Tractatus theologico-politicus* von Spinoza, nicht um zu zeigen, wie »belesen« ich doch bin, oder des Buches *Von der freiwilligen Knechtschaft* von La Boétie, nur um die »Obrigkeiten«, vor allem die »akademischen« zu ärgern. Ich bin ein »mauvais esprit«, wie man in meinem katholischen Internat sagte, den nicht einmal die Peitsche kleinkriegen konnte.

Alles, was Aufmüpfigkeit fördert, auf welch unerwartete Weise es auch sei, ist mir vollkommen recht. Auch was ich schrieb, war »gegen« geschrieben, meine Bücher über Freuds Sprache z. B. waren eine gezielte, obgleich maskierte Attacke gegen die Faszination französischer Kollaborations-Intellektuellen für das Nazideutschland.

Es ist unerlässlich, nie seine Wachsamkeit, seine Fähigkeit zum Zweifeln aufzugeben, nichts Gefährlicheres als Glaube, als intellektuelle Unterwerfung oder Bequemlichkeit. Frankreich, meinem Land, verdanke ich nicht nur meine leibliche Rettung, sondern auch die Erziehung zur Freiheit im Unglauben und der Reflexion. Frankreich verdanke ich aber auch die Möglichkeit, deutsch zu schreiben, das Französische hat mir das Deutsche unversehrt zurückgegeben.

Ich bin nicht gelehrt und will es vor allem nicht sein, nur ist jede Lektüre, vor allem von Büchern, die viele andere schon gelesen haben, jedes Mal ein richtiges Abenteuer. Durch solche berühmten Bücher wie *Les Mémoires d'Outre Tombe* von Chateaubriand, die ich gerade wieder lese und die Millionen andere gelesen haben, wird die eigene Existenz sozusagen berechtigt. Dass man so intensiv das Erzählte miterlebt, ist ein Beweis der eigenen Humanität, dass man auch ein Mensch ist, anonym wie jeder andere, nichts etabliert so sehr die eigene Existenzsicherheit wie diese großen

Selbsterzählungen wie die von Rousseau, von Goethe, von Chateaubriand. Die Literatur setzt den sozialen Hierarchien ein Ende, jeder kann so sein, wie eine »historische Figur es erzählt«, jeder ist eine Möglichkeit des anderen, das hat mit »Gebildetsein« oder Gelehrtsein nichts zu tun, sondern nur mit Lebensentdeckung.

H-J H Wir hatten schöne Begegnungen, auch schmerzliche, auch absurde, nicht zustande gekommene.

Verschweigen möchte ich aber auch nicht, dass ich etwas unglücklich zurückbleibe. Das liegt sicher an unseren unterschiedlichen Erwartungen an einen Dialog. Ich glaube an ihn, auch dann, wenn phasenweise die Missverständnisse überwiegen. Sind sie denn nicht geradezu notwendig, wenn man über Schwieriges und Unsagbares zu sprechen versucht? Die Differenzen sind auch ein Weg des Austauschs, hin zu Vertrauen. Aber mein Eindruck ist – deswegen das nicht sehr glückliche Gefühl –, dass ich Ihr grundsätzliches und lebensgeschichtlich so tief begründetes Misstrauen gegen das Dialogische nicht ausräumen konnte.

Uns verbindet einiges, die Liebe zur Literatur und Kunst, und uns trennt sehr vieles. Es war schwer, zuweilen unmöglich, angesichts dessen, was Sie erlebt haben, mein eigenes Erleben ins Gespräch mit einzubringen – was doch wichtig gewesen wäre, damit Sie den Hintergrund meiner Fragen besser verstehen könnten. Es war für Sie nicht von Interesse, dass sich jemand der

Philosophie Martin Heideggers oder der Dichtung Ezra Pounds einmal begeistert zugewendet hat, trotz aller, auch ihm bewussten politischen Vorbehalte.

Teilweise haben Sie sicher recht, dass wir in »völlig entgegengesetzten Welten« leben. Aber nur teilweise. Ich weiß noch immer nicht, ob Sie meinen Gespräche-Band *Schreiben ist das bessere Leben* nun eigentlich grässlich finden (»... unsere maßlose Eitelkeit, die wir alle, mich eingeschlossen, mitgemacht haben«, wie Sie mir im Mai und Juni 2012 schrieben) oder er Ihnen doch gefällt, wie Sie mich kurz darauf wissen ließen: »Ja, Ihr Buch ist in Wirklichkeit ein schönes Buch.«

Wenn wir uns über diese Dialoge hinaus in Freundschaft zugewandt bleiben, wäre es schön, an das anschließen zu können, was Sie mir gegen Ende unserer Unterredungen schrieben: »... was Sie da sagten, war voller Empathie.«

Nachbemerkung von
Georges-Arthur Goldschmidt

Dieses Buch besteht aus Frage und Antwort, also aus zwei entgegengesetzten Standpunkten, die einander begegnen sollen und zur Einheit werden. Wie es Hans-Jürgen Heinrichs sehr treffend formuliert: »Das, wonach ich frage, liegt außerhalb der Frage.« Anders formuliert, die Frage hat es in sich, dass sie, wonach sie fragt, umkehrt, verkehrt und links erscheinen lässt, was rechts liegt und umgekehrt. Es ist wie beim Übersetzen, das eine soll zum anderen werden: was rot war, soll plötzlich blau werden. Aus einem solchen Vorgang können leicht Irritationen und Missverständnisse entstehen. Die Sache hat es in sich.

Die Schwierigkeit dabei ist, dass sich der eine dem anderen zu fügen, fast zu unterwerfen hat, es gleitet dann leicht an die Grenze des Verhörs und ist dann nicht ein Dialog, der seitens des Befragten auch nie beabsichtigt worden war.

Wenn sich so ganze Satzteile dem »Denken« anbieten, packweise, dann wird es für die nicht vorgewarnte Reflexion schwierig. So ging es hier um die Konfrontation zwischen schon vorgedachten Fragen, die sichtbar vorbereitet und ausgeschrieben schon fertig dastanden, und dem völligen Unverständnis des Befragten.

Erstens verstand er manches nicht, weil seine Bildung nicht einmal lückenhaft, sondern sogar an krasser Ignoranz leidet. Zweitens kamen ihm die Fragen wie aus der sogenannten »geisteswissenschaftlichen« Welt hergeleitet, die ihm immer schon als künstlich, autoritär und willkürlich besserwisserisch erschien, wahrscheinlich zu Unrecht. Die Länge auch der oft sehr interessanten, anregenden Fragen stieß auf die Unaufmerksamkeit des Befragten, der sich leider manchmal als nicht angesprochen empfand, vielleicht auch zu Unrecht.

Die Ansichten, Einstellungen und Reaktionen waren oft weit auseinander: einerseits ein hochkultivierter, eminenter Ethnologe und Schriftsteller, dem keine Kombination des Denkens und des Erdenkens fremd ist, ihm gegenüber ein Autor, dem prinzipiell ihm unterbreitetes Denkmaterial ein Gräuel ist. Seine Intuition muss freie Laufbahn haben, ohne dass ihr Wege vorgewiesen werden. Alles beruht auf Zufall, der sich in etwas vielleicht gerade Gärendes oder unterschwellig schon Fertigem einpasst, oder es wird versucht, etwas aus dem Befragten herauszuziehen, was mehr oder weniger einem vorgefassten Projekt entsprechen könnte, und dann kann man sicher sein, dass alles austrocknet.

So kam es im Gespräch zu richtigen Konfrontationen, weil der eine am anderen vorbeifragte, und der andere dann absichtlich so tat, als verstünde er die Fragen nicht. Und doch war es ein besonders schönes, produktives und zum Umdenken zwingendes Abenteuer des Geistes, das dem Autor ungemein vieles gebracht hat, dem Gesprächspartner aber nicht immer gerecht wurde.

Meinen herzlichsten Dank möchte ich Isabel Kupski aussprechen, die diesem Buch ihr ganzes Talent, ihre Mühe und vor allem ihre immer rührend freundliche Geduld gewidmet hat, dessen Zusammenstellung nicht ohne Konflikte und Oppositionen zwischen den beiden Autoren ausging. Persönlich möchte ich ihr für die mehr als hundert E-Mails danken, die sie mir zu Momenten der Entmutigung so liebenswürdig zukommen ließ.

Auswahlbibliographie der Werke von
Georges-Arthur Goldschmidt in deutscher Sprache

Der Spiegeltag. Frankfurt / M. 1982
Ein Garten in Deutschland. Zürich 1988
Die Absonderung. Zürich 1991
Der unterbrochene Wald. Zürich 1992
Der bestrafte Narziß. Zürich 1994
Die Aussetzung. Zürich 1996
Als Freud das Meer sah. Zürich 1999
Über die Flüsse. Zürich 2001
In Gegenwart des abwesenden Gottes. Zürich 2003
Der Stoff des Schreibens. Berlin 2005
Freud wartet auf das Meer. Zürich 2006
Die Befreiung. Zürich 2007
Die Faust im Mund. Zürich 2008
Kafka lesen. Frankfurt / M. 2010
Ein Wiederkommen. Frankfurt / M. 2012

Auswahl der verliehenen Preise

Geschwister-Scholl-Preis 1991
Bremer Literaturpreis 1993
Ludwig-Börne-Preis 1999
Nelly-Sachs-Preis 2001
Goethe-Medaille 2002
Joseph-Breitbach-Preis 2005

Georges-Arthur Goldschmidt
Ein Wiederkommen
Erzählung
192 Seiten. Gebunden

»Der Literaturkritiker stellt im Laufe seines Berufsleben
fest, dass unter den Schriftstellern nur wenige existieren,
die keinen schützenden Wall um sich bauen; die keine
Furcht verspüren sich preiszugeben, sich leerzusprechen.«
Ina Hartwig, Frankfurter Rundschau

Paris ist seine neue Heimat. Endlich das Gefühl, aufgenom-
men zu sein. Aber vergessen hat Arthur Kellerlicht nichts:
Erst zehnjährig wird er aus Nazideutschland vertrieben.
Rettung findet er in einem Internat in den Savoyer Alpen, wo
die Züchtigung zum Alltag gehört. Und weil sich der Heran-
wachsende des Lebens unwürdig fühlt, ist es nur richtig, dass
er bestraft wird: für das Lesen unerlaubter Bücher, für das
Entdecken des eigenen Körpers, ganz einfach dafür, dass es
ihn gibt, dass er überlebt hat.

Kein Schreiben ist so existentiell wie das von Georges-Arthur
Goldschmidt. ›Ein Wiederkommen‹ ist einer der schönsten
Existenzbeweise.

S. Fischer

fi 1-027825 / 1